# Histoires Courtes en Bulgare

## Apprendre l'Bulgare facilement en lisant des histoires courtes

Viktoria Boiko

# Contenu


Introduction
Comment utiliser le livre
Guide de lecture

Sofia
Lavande
Huile de rose
La mer Noire
Vin
Sources d'eau minérale
Montagnes de Vitosha
Rakiya
Les Thraces
Plovdiv
A la plage
Camping au lac
La maison
Dans le train
Cuisiner le dîner
Rentrer à pied
Le château
Mon jardin
Faire du shopping
Au marché
Au café
Aller nager
Tonte de la pelouse
Se faire couper les cheveux
Le parc

# Introduction

Lire dans une langue étrangère est l'un des moyens les plus efficaces d'améliorer ses compétences linguistiques et d'enrichir son vocabulaire. Cependant, il est parfois difficile de trouver des supports de lecture attrayants, d'un niveau approprié, qui procurent un sentiment de réussite et de progrès. La plupart des livres et articles écrits pour des locuteurs natifs peuvent être trop longs et difficiles à comprendre ou contenir un vocabulaire de très haut niveau, de sorte que vous vous sentez dépassé et abandonnez. Si ces problèmes vous sont familiers, alors ce livre est pour vous !

Histoires Courtes en Bulgare est une collection de 25 histoires courtes non conventionnelles et divertissantes qui sont conçues pour aider les apprenants de niveau débutant à intermédiaire Bulgare à améliorer leurs compétences linguistiques.

Ces histoires courtes créent un environnement propice à la lecture en incluant ;

- Un contenu linguistique riche dans différents genres pour vous divertir et vous exposer à une variété de formes de mots.
- Des histoires plus courtes en chapitres pour vous donner la satisfaction de terminer des histoires et de progresser rapidement.
- Des textes écrits à votre niveau afin qu'ils soient plus facilement compréhensibles et ne vous dépassent pas.
- Traduction française sur des pages alternées afin que vous puissiez vous y référer directement ligne par ligne tout en lisant l'histoire Bulgare.
- Le vocabulaire clé est imprimé en gras tout au long

de l'histoire et de la traduction pour vous aider à comprendre plus facilement les mots qui ne vous sont pas familiers.

- Des questions de compréhension pour tester votre compréhension des événements clés et vous encourager à lire plus en détail.

Que vous souhaitiez enrichir votre vocabulaire, améliorer votre compréhension ou simplement lire pour le plaisir, ce livre est le plus grand pas en avant que vous ferez dans vos études cette année. Histoires Courtes en Bulgare vous apportera tout le soutien dont vous avez besoin, alors asseyez-vous, détendez-vous et laissez libre cours à votre imagination en vous laissant transporter dans un monde magique d'aventures, de mystères et d'intrigues - en Bulgare!

# Comment utiliser ce livre

La lecture est un talent difficile à maîtriser. Nous utilisons toute une série de micro-compétences pour nous aider à lire dans notre langue maternelle. Par exemple, nous pouvons parcourir un passage pour en comprendre le sens, ou l'essentiel. Nous pouvons aussi passer au peigne fin les nombreuses pages d'un horaire de train à la recherche d'une heure ou d'un lieu précis. Si ces micro-compétences sont une seconde nature lorsque nous lisons dans notre langue maternelle, les recherches révèlent que nous en oublions souvent la plupart lorsque nous lisons dans une langue étrangère. Lorsque nous apprenons une langue étrangère, nous commençons généralement par le début d'un texte et le parcourons en essayant de comprendre chaque mot. Inévitablement, nous rencontrons des termes peu familiers ou complexes et nous sommes gênés par notre incapacité à les comprendre.

L'un des principaux avantages de la lecture dans une langue étrangère est que vous êtes exposé à un grand nombre de phrases et d'expressions utilisées dans des situations quotidiennes. La lecture extensive est un terme utilisé pour décrire la lecture pour le plaisir dans le but d'apprendre une langue.  En d'autres termes, la lecture approfondie de manuels scolaires aide généralement à l'apprentissage des règles de grammaire et d'un vocabulaire particulier, mais la lecture extensive d'histoires aide à l'apprentissage du langage naturel.

Histoires Courtes en Bulgare vous donnera l'occasion d'en apprendre davantage sur la langue naturelle Bulgare en usage, même si vous avez peut-être commencé votre voyage d'apprentissage des langues uniquement avec

des manuels. Voici quelques conseils à garder à l'esprit lorsque vous lirez les histoires de ce livre pour en tirer le meilleur parti : Lorsqu'il s'agit de lire, le plaisir et le sentiment d'accomplissement sont essentiels. Vous en redemandez parce que vous aimez ce que vous lisez. Lire chaque histoire du début à la fin est la meilleure méthode pour prendre plaisir à lire des histoires et se sentir accompli. Par conséquent, la chose la plus cruciale est d'arriver à la fin d'une histoire. C'est en fait plus important que de connaître chaque mot.

Plus vous lisez, plus vous acquerrez de connaissances. Vous aurez rapidement une connaissance du fonctionnement de la Bulgare si vous lisez de gros livres pour le plaisir. Cependant, gardez à l'esprit que pour tirer tous les bénéfices d'une lecture extensive, vous devez d'abord lire un volume suffisamment important. Lire quelques pages ici et là peut vous apprendre quelques nouveaux mots, mais cela ne fera pas une différence significative dans votre niveau global de Bulgare.

Acceptez le fait que vous ne comprendrez pas tout ce que vous lisez dans un roman. C'est, sans aucun doute, le point le plus crucial ! N'oubliez jamais que le fait de ne pas comprendre tous les mots ou toutes les phrases est tout à fait acceptable. Cela ne signifie pas que vos compétences linguistiques sont insuffisantes ou que vos résultats sont médiocres. Cela indique que vous participez activement au processus d'apprentissage.

# Guide de lecture

Afin de tirer le meilleur parti de la lecture d'Histoires Courtes en Bulgare, il est préférable que vous suiviez ce processus de lecture simple en six étapes pour chaque chapitre des histoires :

1. Lisez le titre du chapitre. Réfléchissez à ce que pourrait être le sujet de l'histoire. Puis lisez l'histoire jusqu'au bout. Votre objectif est simplement d'atteindre la fin de l'histoire. Par conséquent, ne vous arrêtez pas pour chercher des mots et ne vous inquiétez pas s'il y a des choses que vous ne comprenez pas. Essayez simplement de suivre l'intrigue.

2. Lorsque vous arrivez à la fin de l'histoire, parcourez la traduction française pour voir si vous avez compris ce qui s'est passé et reprenez tout contexte qui vous aurait échappé.

3. Revenez en arrière et relisez la même histoire. Si vous le souhaitez, vous pouvez vous concentrer davantage sur les détails de l'histoire qu'auparavant, mais sinon, lisez-la simplement une fois de plus.

4. Ensuite, répondez aux questions de compréhension en Bulgare pour vérifier votre compréhension des événements clés de l'histoire. Si vous ne comprenez pas entièrement les questions, ne vous inquiétez pas. Utilisez vos connaissances pour répondre du mieux que vous pouvez.

5. A ce stade, vous devriez avoir une certaine compréhension des principaux événements du chapitre. Si ce n'est pas le cas, vous pouvez relire le chapitre

plusieurs fois en utilisant la traduction pour vérifier les mots et les phrases inconnus jusqu'à ce que vous vous sentiez en confiance.

Une fois que vous êtes prêt et sûr d'avoir compris ce qui s'est passé - que ce soit après une ou plusieurs lectures de l'histoire - passez à l'histoire suivante et continuez à apprécier l'histoire à votre propre rythme, comme vous le feriez pour n'importe quel autre livre.

Ce n'est qu'une fois que vous avez terminé une histoire dans son intégralité que vous pouvez envisager de revenir en arrière et d'étudier le langage de l'histoire plus en profondeur si vous le souhaitez. Au lieu de vous inquiéter de tout comprendre, prenez le temps de vous concentrer sur ce que vous avez compris et de vous féliciter pour tout ce que vous avez fait.

# Histoires Courtes
## en Bulgare

# София

София е красив град в България. Тя е столицата и най-големият град в България. Населението на София е около 1,4 милиона души. Името на града идва от гръцката дума за **мъдрост,** което е подходящо, защото в него се намират много университети и колежи. София е основана от римския император Константин I през 324 г. Той избира това място, защото е разположено в центъра между Европа и Азия, което го прави **идеално** място за търговия и занаятчийство. В продължение на векове София процъфтява като ключова спирка по търговския път на коприната, свързващ Китай с Европа. Днес София продължава да бъде важен икономически център в Източна Европа с процъфтяващ бизнес район, пълен с банки, офис кули и луксозни хотели. Въпреки **модерността** си, София запазва очарованието на стария свят.

Центърът на града е изпълнен с **красиви** православни църкви и средновековни руини. Една от най-популярните туристически атракции е катедралата "Александър Невски", построена в чест на руските войници, загинали по време на Руско-турската война. Други забележителни обекти са джамията Баня Баши, една от двете останали османски джамии в България, и църквата

# Sofia

Sofia est une belle ville de Bulgarie. C'est la capitale et aussi la plus grande ville de Bulgarie. La population de Sofia est d'environ 1,4 million d'habitants. Le nom de la ville vient du mot grec signifiant "**sagesse**", ce qui est approprié car elle abrite de nombreuses universités et écoles supérieures. Sofia a été fondée par l'empereur romain Constantin Ier en 324 après JC. Il a choisi cet endroit parce qu'il était situé au centre de l'Europe et de l'Asie, ce qui en faisait un lieu **idéal** pour les échanges et le commerce. Pendant des siècles, Sofia a prospéré en tant qu'étape clé sur la route commerciale de la soie reliant la Chine à l'Europe. Aujourd'hui, Sofia reste un important centre économique d'Europe de l'Est, avec un quartier d'affaires prospère composé de banques, de tours de bureaux et d'hôtels de luxe. Malgré sa **modernité**, Sofia conserve un charme d'antan.

Le centre ville est rempli de **belles** églises orthodoxes et de ruines médiévales. L'une des attractions touristiques les plus populaires est la cathédrale Alexandre Nevsky, qui a été construite en l'honneur des soldats russes morts pendant la guerre russo-turque. Parmi les autres sites remarquables, citons la mosquée Banya Bashi, l'une des deux seules mosquées ottomanes restantes en Bulgarie, et l'église St Nedelya, une église orthodoxe bulgare **ornée du**

"Света Неделя", **богато украсена** българска православна църква от XIX век. В София се намират и много музеи и художествени галерии, представящи както местно, така и международно изкуство. В Националната художествена галерия са изложени картини на известни български художници, а в Природонаучния музей има експозиции на **динозаври** и други животни от цял свят. За нещо наистина уникално, посетете Музея на социалистическото изкуство, в който са изложени пропагандни плакати и други артефакти от **комунистическата** епоха в България.

Посещението в София не би било пълно, ако не опитате традиционна българска храна. Шопската салата е задължително ястие, приготвено от **домати,** краставици, лук, чушки, сирене фета и дресинг от зехтин. Друг популярен вариант е баницата - люспест сладкиш, пълнен със спанак или сирене, който може да се сервира за закуска или като гарнитура по време на обяд или вечеря. Баница може да се намери в повечето **пекарни в** София, но за нещо наистина специално я опитайте в ресторант Saray, където се приготвя ежедневно прясна по автентична **рецепта, предавана от** поколения. И не забравяйте да измиете всичко с чаша (или две) ракия - националната алкохолна напитка на България, приготвена от ферментирали плодови сокове!

XIXe siècle. Sofia abrite également de nombreux musées et galeries d'art qui présentent l'art local et international. La Galerie nationale d'art présente des peintures d'artistes bulgares célèbres, tandis que le Musée d'histoire naturelle expose des **dinosaures** et d'autres animaux du monde entier. Pour quelque chose de vraiment unique, allez voir le musée d'art socialiste, qui présente des affiches de propagande et d'autres objets de l'époque **communiste** de la Bulgarie.

Aucune visite à Sofia ne serait complète sans goûter à la cuisine traditionnelle bulgare. La salade Shopska est un plat incontournable composé de **tomates**, concombres, oignons, poivrons, feta et d'une vinaigrette à l'huile d'olive. Une autre option populaire est la banitsa - une pâte feuilletée farcie d'épinards ou de fromage qui peut être servie au petit-déjeuner ou comme plat d'accompagnement au déjeuner ou au dîner. On peut trouver la banitsa dans la plupart des **boulangeries** de Sofia, mais pour quelque chose de vraiment spécial, essayez-la au restaurant Saray, où elle est préparée chaque jour selon une **recette** authentique transmise de génération en génération. Et n'oubliez pas de faire descendre le tout avec un verre (ou deux) de rakia, la boisson alcoolisée nationale de Bulgarie faite de jus de fruits fermentés !

# Въпроси за разбиране

1. Как се казва градът в България?

2. Какво означава името на града?

3. Кой е основал града?

4. Защо е избрано мястото за построяване на града?

5. С какво е била известна София преди векове?

6. С какво е известна София днес?

7. Какви сгради се намират в бизнес района?

8. Коя е една от най-популярните туристически атракции?

9. Каква храна трябва да опитате, когато посетите София?

10. Коя е националната алкохолна напитка в България?

# Questions de compréhension

1. Quel est le nom de cette ville en Bulgarie ?

2. Que signifie le nom de la ville ?

3. Qui a fondé la ville ?

4. Pourquoi l'emplacement a-t-il été choisi pour construire la ville ?

5. Pour quoi Sofia était-elle connue il y a des siècles ?

6. Pour quelle raison Sofia est-elle connue aujourd'hui ?

7. Quel type de bâtiments se trouve dans le quartier des affaires ?

8. Quelle est l'une des attractions touristiques les plus populaires ?

9. Quel type de nourriture faut-il absolument goûter lors d'une visite à Sofia ?

10. Quelle est la boisson alcoolisée nationale en Bulgarie ?

# Лавандула

Лавандула винаги е била **специално** момиче. Имаше дарбата да кара хората да се чувстват по-добре, независимо какъв е проблемът им. Приятелите ѝ идваха при нея с проблемите си, а тя ги изслушваше търпеливо, преди да им даде мъдър съвет. Дори когато беше по-млада, Лавандула имаше стара душа и беше мъдра повече от годините си. Затова не беше изненадващо, че когато бабата на Лавандула почина, тя се зае да **утеши** скърбящото ѝ семейство. Помагаше на майка си да готви и чисти и се грижеше малкият ѝ брат да си пише домашните всяка вечер. Това беше труден момент за всички, но Лавендер остана силна и подкрепяща през цялото време. В крайна сметка нещата отново започват да се нормализират. Но въпреки че най-тежката **тъга** беше преминала, Лавендер все още изпитваше ужасна липса по баба си. Липсваше ѝ да чува истории за времето, когато е била млада, или да получава късчета мъдрост от възрастната жена.

Така един ден Лавандула решава да засади **лавандулов** храст в памет на баба си - и оттогава всеки път, когато усеща сладкия му аромат, който се носи из въздуха, той носи мир и утеха в сърцето

# Lavande

Lavande a toujours été une fille **spéciale**. Elle avait le don d'aider les gens à se sentir mieux, quel que soit leur problème. Ses amis venaient la voir avec leurs problèmes, et elle les écoutait patiemment avant de leur donner de sages conseils. Même quand elle était plus jeune, Lavender avait une vieille âme et était sage au-delà de son âge. Il n'est donc pas surprenant que lorsque la grand-mère de Lavender est décédée, elle a pris sur elle de **réconforter** sa famille en deuil. Elle aidait sa mère à cuisiner et à nettoyer, et s'assurait que son petit frère faisait ses devoirs tous les soirs. C'était une période difficile pour tout le monde, mais Lavender est restée forte et d'un grand soutien. Finalement, les choses ont commencé à revenir à la normale. Mais même si le pire de la **tristesse** est passé, sa grand-mère lui manque toujours terriblement. Cela lui manquait d'entendre des histoires sur sa jeunesse ou de recevoir des conseils de la part de la femme plus âgée.

Un jour, Lavender a décidé de planter un buisson de **lavande** en mémoire de sa grand-mère - et depuis lors, chaque fois qu'elle sentait son doux parfum flottant dans l'air, cela lui apportait paix et réconfort, sachant qu'une partie de sa grand-mère était toujours avec

й, знаейки, че част от баба й все още е винаги с тях. Дарбата на Лавандула да кара хората да се чувстват по-добре й идва на помощ, когато започва работа като **медицинска сестра**. Пациентите й бързо я нарекоха "лекуващия ангел", тъй като винаги отделяше време да изслуша и да предложи мили думи на насърчение. Без значение колко е заета, Лавендер винаги се старае да провери всеки един от пациентите си, дори и да е само за кратък разговор. По време на един от тези разговори Лавендер се запознава с г-жа Сондърс, **възрастна** жена, която е диагностицирана с рак. Още от първия им разговор стана ясно, че госпожа Сондърс се страхува от бъдещето, но Лавендер направи всичко възможно, за да облекчи страховете й и да й помогне да остане **позитивна**.

eux. Le don de la lavande pour aider les gens à se sentir mieux s'est avéré utile lorsqu'elle a commencé à travailler comme **infirmière**. Ses patients l'ont rapidement surnommée "l'ange guérisseur", prenant toujours le temps de l'écouter et de lui adresser des mots d'encouragement. Même si elle était très occupée, Lavender s'assurait toujours de prendre des nouvelles de chacun de ses patients, ne serait-ce que pour une petite conversation. C'est au cours d'une de ces conversations que Lavender a rencontré Mme Saunders, une femme **âgée à** qui on avait diagnostiqué un cancer. Dès leur première conversation, il est clair que Mme Saunders est terrifiée par ce que l'avenir lui réserve, mais Lavender fait tout ce qu'elle peut pour apaiser ses craintes et l'aider à rester **positive**.

# Въпроси за разбиране

1. Какъв беше подаръкът на Лавандула?

2. Как Лавандула помага на семейството си, след като баба й умира?

3. Защо Лавандула засажда лавандулов храст?

4. Какъв е прякорът на Лавандула в болницата?

5. Коя беше г-жа Сондърс?

6. Каква е диагнозата на г-жа Сондърс?

7. За какво разговарят госпожа Сондърс и Лавандула?

8. Как се е влошило здравето на г-жа Сондърс?

9. Какво каза г-жа Сондърс на Лавандула, преди да умре?

10. На кого винаги може да разчита Лавандула?

# Questions de compréhension

1. Quel était le cadeau de Lavande ?

2. Comment Lavande a-t-elle aidé sa famille après le décès de sa grand-mère ?

3. Pourquoi la lavande a-t-elle planté un buisson de lavande ?

4. Quel était le surnom de Lavande à l'hôpital ?

5. Qui était Mme Saunders ?

6. Quel était le diagnostic de Mme Saunders ?

7. De quoi Mme Saunders et Lavande ont-elles parlé ?

8. Comment la santé de Mme Saunders a-t-elle décliné ?

9. Qu'a dit Mme Saunders à Lavender avant de mourir ?

10. Sur qui Lavande peut-elle toujours compter ?

# Розово масло

Сладкият, цветен аромат на розово масло изпълва въздуха, докато Лайла работи в градината си. Тя обичаше мириса на рози и винаги се стараеше да има няколко капки **масло** върху ръцете си, когато работеше с тях. Това беше едно от любимите ѝ неща през лятото. Докато подрязваше един храст, чу някой да я вика по име. Звучеше като съседката ѝ, госпожа Джаксън. Лайла се изправи и избърса ръцете си в престилката, преди да отиде до оградата, която разделяше имотите им. "Здравейте, госпожо Джаксън", каза тя топло. "Какво мога да направя за вас?" Исках само да ви съобщя, че синът ми **утре ще бъде на гости в** града и се чудех дали не искате да дойдете на вечеря. Лайла беше развълнувана, че ще вечеря с госпожа Джаксън и сина ѝ. Винаги е била **любопитна за** него, тъй като никога преди не го е виждала. Госпожа Джаксън ѝ беше казала, че той живее в града и работи като лекар. Когато на следващия ден Лайла пристигна в дома на госпожа Джаксън, тя се изненада, като видя колко **красив** е синът ѝ.

Той се представи като Джеймс и всички седнаха да вечерят заедно. Разговорът вървеше лесно и Лайла откри, че **компанията** му ѝ доставя огромно

# Huile de rose

Le parfum doux et floral de l'huile de rose remplit l'air pendant que Lila travaille dans son jardin. Elle adorait l'odeur des roses et s'assurait toujours d'avoir quelques gouttes d'**huile** sur les mains lorsqu'elle travaillait avec elles. C'était l'une des choses qu'elle préférait en été. Alors qu'elle taillait un buisson, elle entendit quelqu'un l'appeler. Cela ressemblait à sa voisine, Mme Jackson. Lila se lève et s'essuie les mains sur son tablier avant de se diriger vers la clôture qui sépare leurs propriétés. "Bonjour, Mme Jackson", dit-elle chaleureusement. "Que puis-je faire pour vous ?" Je voulais juste vous faire savoir que mon fils sera en ville pour une visite **demain**, et je me demandais si vous aimeriez venir dîner. Lila était excitée à l'idée de dîner avec Mme Jackson et son fils. Elle avait toujours été **curieuse** à son sujet car elle ne l'avait jamais vu auparavant. Mme Jackson lui avait dit qu'il vivait en ville et travaillait comme médecin. Lorsque Lila arrive chez Mme Jackson le lendemain, elle est surprise de voir à quel point son fils est **beau**.

Il s'est présenté sous le nom de James, et ils se sont tous assis pour dîner ensemble. La conversation se déroule facilement, et Lila apprécie énormément sa **compagnie**. Après le dîner, James a demandé s'il

удоволствие. След вечеря Джеймс попита дали може да придружи Лайла до дома. Тя прие с нетърпение и двамата се сбогуваха с госпожа Джаксън. Докато вървяха, Джеймс потърси ръката на Лайла и я стисна нежно. Когато стигнаха до вратата, той се наведе и я целуна леко по устните. Това беше перфектният край на една перфектна **вечер**. Лайла и Джеймс започнаха да се виждат редовно. Тя беше влюбена до уши в него, а той, изглежда, изпитваше същите чувства към нея. Прекарваха часове в разговори, разхождаха се ръка за ръка из парка или просто седяха в прегръдките си. Беше перфектно. Един ден Джеймс изневиделица каза на Лайла, че трябва да напусне града за няколко седмици по работа. Тя беше **разочарована,** но разбра. Лайла отброи дните до завръщането на Джеймс. Той ѝ липсваше ужасно и нямаше търпение да го види отново. В деня, в който той трябваше да се върне, тя отиде да го посрещне на гарата. Но когато **влакът пристигна,** от Джеймс нямаше и следа.

pouvait raccompagner Lila chez elle. Elle a accepté avec enthousiasme et ils ont dit au revoir à Mme Jackson. Pendant qu'ils marchent, James prend la main de Lila et la serre doucement. Quand ils sont arrivés devant sa porte, il s'est penché et l'a embrassée légèrement sur les lèvres. C'était une fin parfaite pour une **soirée** parfaite. Lila et James ont commencé à se voir régulièrement. Elle est éperdument amoureuse de lui et il semble ressentir la même chose pour elle. Ils passaient des heures à parler, à marcher main dans la main dans le parc, ou simplement assis dans les bras de l'autre. C'était parfait. Un jour, à l'improviste, James annonce à Lila qu'il doit quitter la ville pour quelques semaines pour affaires. Elle est **déçue** mais comprend. Lila compte les jours jusqu'au retour de James. Il lui manque terriblement et elle a hâte de le revoir. Le jour où il est censé revenir, elle va le chercher à la gare. Mais quand le **train** arrive, il n'y a aucun signe de James.

# Въпроси за разбиране

1. Какво прави главният герой, когато усеща мирис на рози?

2. Кого чува Лила да я вика по име?

3. Кое е нещото, което интересува Лайла за сина на госпожа Джаксън?

4. Какво чувства Лайла към Джеймс след вечерята?

5. Защо Джеймс трябва да напусне града?

6. Как се чувства Лайла, когато Джеймс не й се обажда?

7. Какво прави Лайла, когато й липсва Джеймс?

8. Какво намира Лила, когато отваря една от бутилките с розово масло?

9. Как се чувства Лайла, след като прочита бележката?

10. Вижда ли Лайла отново Джеймс?

# Questions de compréhension

1. Que fait la protagoniste quand elle sent des roses ?

2. Qui est-ce que Lila entend appeler son nom ?

3. Quelle est la chose que Lila est curieuse de savoir à propos du fils de Mme Jackson ?

4. Que ressent Lila pour James après le dîner ?

5. Pourquoi James doit-il quitter la ville ?

6. Comment se sent Lila quand elle n'a pas de nouvelles de James ?

7. Que fait Lila quand James lui manque ?

8. Que trouve Lila lorsqu'elle ouvre une des bouteilles d'huile de rose ?

9. Comment Lila se sent-elle après avoir lu la note ?

10. Lila a-t-elle revu James ?

# Черно море

Черно море е място, изпълнено с мистерии и легенди. В продължение на векове то е било източник на очарование за мореплаватели и изследователи. Твърди се, че морето е дом на **странни** същества и изгубени цивилизации. Някои казват, че то е прокълнато, а други вярват, че крие огромна сила и съкровища. Никой не знае със сигурност какво се крие под тъмните му води. През последните години Черно море се превърна в **популярна** дестинация за туристите, които търсят приключения. Морето е известно с коварните си метеорологични условия и опасни течения. Много хора са се удавили във водите му или са изчезнали, след като са навлезли твърде далеч от брега. Въпреки рисковете, има хора, които са привлечени от тъмния **чар на** морето. Те идват в търсене на вълнения и приключения, надявайки се да намерят нещо, което не могат да намерят никъде другаде по света. В този конкретен ден морето беше тихо и спокойно на вид, сякаш нищо зловещо не се криеше под **повърхността** му.

Група приятели бяха наели лодка и плаваха в открито море с изследователска мисия. Когато се отдалечили от сушата, те започнали да се чувстват неспокойни, че се намират толкова далеч в морето

# La mer Noire

La mer Noire est un lieu de mystère et de légende. Pendant des siècles, elle a été une source de fascination pour les marins et les explorateurs. On dit que la mer abrite d'**étranges** créatures et des civilisations disparues. Certains disent qu'elle est maudite, tandis que d'autres croient qu'elle recèle de grands pouvoirs et des trésors. Personne ne sait avec certitude ce qui se cache sous ses eaux sombres. Ces dernières années, la mer Noire est devenue une destination **populaire** pour les touristes en quête d'aventure. La mer est connue pour ses conditions météorologiques traîtresses et ses courants dangereux. De nombreuses personnes se sont noyées dans ses eaux ou ont disparu après s'être aventurées trop loin du rivage. Malgré les risques, certains sont attirés par les sombres **attraits** de la mer. Ils viennent en quête d'excitation et d'aventure, espérant trouver quelque chose qu'ils ne peuvent trouver nulle part ailleurs dans le monde. Ce jour-là, la mer était calme et paisible, comme si rien de sinistre ne se cachait sous sa **surface**.

Un groupe d'amis avait loué un bateau et naviguait en pleine mer pour une mission d'exploration. À mesure qu'ils s'éloignaient de la terre, ils commençaient à se sentir mal à l'aise à l'idée d'être si loin en mer, sans

и няма никой около тях. Изведнъж небето над тях потъмняло, тъй като бързо се появили буреносни облаци. Засилили се **силни** ветрове, които вдигали вълни, заплашващи да преобърнат малкия им кораб. Приятелите се борели смело със стихията, но накрая се предали на изтощението. Лодката им се носела безцелно, докато най-накрая не заседнала на непознат остров. Докато изследват новата **обстановка,** приятелите откриват, че островът е покрит със странни символи и надписи. Откриват и древни руини, които изглежда датират от векове. Скоро става ясно, че не са сами на острова. Започват да виждат странни **същества, които** се крият в сенките и ги наблюдават със зловещи очи. Приятелите разбрали, че са се натъкнали на нещо наистина магическо и загадъчно.

Трябваше да бъдат внимателни, ако искаха да се измъкнат живи от **острова.** С настъпването на нощта съществата стават все по-смели и започват да се приближават към приятелите. Те се уплашиха, но не искаха да покажат слабост. Изведнъж едно от съществата нададе силен писък и ги нападна. Останалите последвали примера му и скоро приятелите били **заобиколени от** заплашителните същества. Точно когато изглеждаше, че ще бъдат нападнати, в небето се появи ярка светлина и **изплаши** съществата.

personne autour d'eux. Soudain, le ciel s'est assombri et des nuages d'orage sont arrivés rapidement. Des vents **violents se sont levés**, soulevant des vagues qui menaçaient de faire chavirer leur petit bateau. Les amis se sont battus courageusement contre les éléments mais ont fini par succomber à l'épuisement. Leur bateau a dérivé sans but jusqu'à ce qu'il s'échoue finalement sur une île inconnue. En explorant leur nouvel **environnement**, les amis ont découvert que l'île était couverte de symboles et d'écritures étranges. Ils ont également découvert des ruines anciennes qui semblaient remonter à des siècles. Il est vite devenu évident qu'ils n'étaient pas seuls sur l'île. Ils ont commencé à voir d'étranges **créatures** tapies dans l'ombre, qui les observaient avec des yeux sinistres. Les amis savaient qu'ils étaient tombés sur quelque chose de vraiment magique et mystérieux.

Ils devaient être prudents s'ils voulaient quitter l'**île** vivants. Comme la nuit commençait à tomber, les créatures sont devenues plus audacieuses et ont commencé à s'approcher des amis. Ils étaient terrifiés mais ne voulaient pas montrer de faiblesse. Soudain, l'une des créatures a poussé un cri strident et a foncé sur eux. Les autres ont fait de même, et bientôt les amis étaient **entourés** par les êtres menaçants. Alors qu'ils semblaient sur le point d'être attaqués, une lumière vive est apparue dans le ciel et a **fait** fuir les créatures.

# Въпроси за разбиране

1. Какво представлява Черно море?

2. От колко века Черно море е източник на очарование?

3. За кое място се казва, че е дом на Черно море?

4. Какво е проклятието на Черно море?

5. Какво притежава Черно море?

6. В какво се е превърнало Черно море през последните години?

7. С какво е известно морето?

8. Колко души са изчезнали, след като са навлезли твърде далеч от брега?

9. Какво търсят онези, които са привлечени от тъмната съблазън на морето?

10. Какво откриват приятелите, когато изследват новата си среда?

# Questions de compréhension

1. De quoi la mer Noire est-elle le lieu ?

2. Pendant combien de siècles la mer Noire a-t-elle été une source de fascination ?

3. Qu'est-ce que l'on dit être le foyer de la mer Noire ?

4. Quelle est la malédiction de la mer Noire ?

5. Que contient la mer Noire ?

6. Qu'est devenue la mer Noire ces dernières années ?

7. Pour quoi la mer est-elle connue ?

8. Combien de personnes ont été portées disparues après s'être aventurées trop loin de la côte ?

9. Que recherchent ceux qui sont attirés par la sombre allure de la mer ?

10. Qu'ont trouvé les amis lorsqu'ils ont exploré leur nouvel environnement ?

# Вино

Първият път, когато пих вино, беше на сватбата ми. И двамата със **съпруга** ми бяхме притеснени, така че всеки от нас отпи по глътка, за да успокои нервите си. Вкусът не приличаше на нищо, което бях изпитвала досега. Беше сладък и плодов, с дъбова нотка, която оставаше на небцето. И двамата се съгласихме, че това е най-доброто вино, което някога сме опитвали. Оттогава опитваме различни вина от цял свят. Открихме някои, които ни харесват повече от други, но винаги има какво ново да **открием**. Виното се превърна в едно от любимите ни неща, които споделяме заедно. Независимо дали се наслаждаваме на чаша с вечерята или споделяме бутилка по специален повод, това винаги е **приятно** преживяване.

Тази вечер ще опитаме ново вино, което нямахме търпение да опитаме. Това е червено вино от Италия, което ни препоръча наш приятел. Наливаме си по една **чаша** и отпиваме по глътка. Ароматът е богат и сложен, с нотки на череша и шоколад. И двамата се усмихваме одобрително. Докато продължаваме да пием, започваме да се чувстваме **по-спокойни** и щастливи. Разговорът върви лесно, докато споделяме истории и се смеем

# Vin

La première fois que j'ai bu du vin, c'était à mon mariage. Mon **mari** et moi étions tous les deux nerveux, alors nous avons pris chacun une gorgée pour nous calmer. Le goût était différent de tout ce que j'avais connu auparavant. Il était doux et fruité, avec un soupçon de chêne qui persistait en bouche. Nous étions tous deux d'accord pour dire que c'était le meilleur vin que nous ayons jamais goûté. Depuis lors, nous avons essayé différents vins du monde entier. Nous en avons trouvé certains que nous aimons mieux que d'autres, mais il y a toujours quelque chose de nouveau à **découvrir**. Le vin est devenu l'une de nos choses préférées à partager ensemble. Qu'il s'agisse de déguster un verre avec le dîner ou de partager une bouteille lors d'une occasion spéciale, c'est toujours une expérience **agréable**.

Ce soir, nous allons essayer un nouveau vin que nous avions hâte de goûter. C'est un vin rouge d'Italie que notre ami nous a recommandé. Nous nous versons mutuellement un **verre** et prenons une gorgée. Le goût est riche et complexe, avec des notes de cerise et de chocolat. Nous sourions tous les deux en signe d'approbation. En continuant à boire, nous commençons à nous sentir plus **détendus** et heureux.

заедно. Не след дълго завършваме бутилката, чувствайки се доволни и удовлетворени. Това беше още едно чудесно откритие благодарение на любовта ни към виното. Един ден решихме да отидем на обиколка за дегустация на вино в нашия местен район. Посетихме няколко **винарни** и дегустирахме различни вина. Някои от тях бяха добри, други - не толкова, но всичко това беше част от преживяването. В един момент се озовахме пред голяма **бъчва с** червено вино.

Собственикът ни каза, че това е тяхната специална резерва и ни предложи да опитаме. Първоначално се поколебахме, тъй като беше доста скъпо, но после решихме да го вземем. Ароматът беше невероятен! Беше гладка и плътна, с точното количество **сладост**. В крайна сметка си купихме бутилка, за да я вземем със себе си вкъщи. С нарастването на колекцията ни от вина се увеличават и знанията ни за тях. Научаваме за **различните** сортове грозде и как те влияят на вкуса на виното. Експериментираме с комбинации с храни и откриваме нови любими вина. Виното се превърна в нещо повече от просто нещо, което пием; то е нещо, което ни харесва да **научаваме** и изследваме заедно.

La conversation coule facilement, nous partageons des histoires et nous rions ensemble. Nous terminons la bouteille en un rien de temps, satisfaits et rassasiés. Ce fut une autre grande découverte grâce à notre amour du vin. Un jour, nous avons décidé de faire une tournée de dégustation de vins dans notre région. Nous avons visité plusieurs **établissements vinicoles** et goûté une grande variété de vins. Certains étaient bons, d'autres moins, mais cela faisait partie de l'expérience. À un moment donné, nous nous sommes retrouvés devant un grand **tonneau** de vin rouge.

Le propriétaire nous a dit que c'était leur réserve spéciale et nous a proposé d'y goûter. Nous avons d'abord hésité, car il était assez cher, puis nous avons décidé de le goûter. La saveur était incroyable ! Il était doux et corsé, avec juste ce qu'il fallait de **douceur**. Nous avons fini par acheter une bouteille pour l'emporter chez nous. Au fur et à mesure que notre collection de vins s'agrandit, nos connaissances sur le sujet se développent également. Nous apprenons à connaître les **différents** cépages et la façon dont ils influencent la saveur du vin. Nous expérimentons des accords mets et vins et découvrons de nouveaux favoris en cours de route. Le vin est devenu bien plus qu'une simple boisson : c'est un sujet que nous aimons **découvrir** et explorer ensemble.

# Въпроси за разбиране

1. Какво е направил съпругът на авторката на сватбата им?

2. Какво е мнението на автора за виното, което са пили на сватбата си?

3. С какво се занимават авторката и съпругът ѝ след сватбата си?

4. Какво правят авторката и съпругът ѝ тази вечер?

5. Какво казва собственикът на винарната на авторката и нейния съпруг?

6. Какво е мнението на автора и съпруга му за виното, което са опитали?

7. Какво са купили авторката и съпругът ѝ от винарната?

8. Как се е променила връзката на автора с виното, след като за първи път го е опитал?

9. Какво е правил авторът по време на обиколката си с дегустация на вино?

10. В какво се е превърнало виното за тях, казва авторът?

# Questions de compréhension

1. Que faisait le mari de l'auteur à leur mariage ?

2. Que pense l'auteur du vin qu'il a bu à son mariage ?

3. Que font l'auteur et son mari depuis leur mariage ?

4. Que font l'auteur et son mari ce soir ?

5. Qu'a dit le propriétaire du domaine viticole à l'auteur et à son mari ?

6. Que pensent l'auteur et son mari du vin qu'ils ont goûté ?

7. Qu'est-ce que l'auteur et son mari ont acheté au domaine viticole ?

8. Comment la relation de l'auteur avec le vin a-t-elle changé depuis qu'il l'a essayé pour la première fois ?

9. Qu'a fait l'auteur lors de sa tournée de dégustation de vins ?

10. D'après l'auteur, qu'est-ce que le vin est devenu pour eux ?

# Минерални извори

Госпожа Сондърс винаги е обичала да ходи на изворите. Като дете тя прекарвала часове в игри в хладната вода с приятелите си. Отиваше там, за да прочисти съзнанието си и да се откъсне за малко от ежедневието. точно от това се нуждаеше в момента; малко време за себе си в климатичната система на природата! Когато госпожа Сондърс се приближи до изворите, тя видя, че нещо е различно. Обикновено бистрата вода беше **мътна** и кафява, а във въздуха се носеше неприятна миризма. Не искаше да повярва, но знаеше какво се е случило - някой беше замърсил изворите! Тя седна на близката скала и се почувства обезверена. Това място винаги е било нейното **щастливо** място, но сега беше разрушено. Кой би могъл да направи такова нещо? И защо? Точно тогава тя чу гласове, идващи от другата страна на извора. Изглеждаше, че двама мъже **спорят** за нещо.

Мисис Сондърс се приближи, за да може да чуе какво си говорят. "Казвам ви, че трябва да се отървем по някакъв начин от това замърсяване!" - каза гневно един от мъжете. "И как предлагате да направим това?" - скептично отговори **спътникът**

# Sources d'eau minérale

Mme Saunders a toujours aimé aller aux sources. Enfant, elle passait des heures à jouer dans l'eau fraîche avec ses amis. Elle s'y rendait pour se vider l'esprit et s'éloigner de la vie **quotidienne** pendant un moment. C'est exactement ce dont elle avait besoin en ce moment : du temps pour elle dans le système de climatisation de la nature ! Alors que Mme Saunders s'approchait des sources, elle pouvait voir que quelque chose était différent. L'eau habituellement claire était **trouble** et brune, et il y avait une odeur désagréable dans l'air. Elle ne voulait pas le croire, mais elle savait ce qui s'était passé : quelqu'un avait pollué les sources ! Elle s'est assise sur un rocher à proximité, se sentant dégonflée. Cet endroit avait toujours été son coin de **paradis**, mais maintenant il était détruit. Qui a pu faire une telle chose ? Et pourquoi ? À ce moment-là, elle a entendu des voix venant de l'autre côté de la source. On aurait dit que deux hommes **se disputaient** à propos de quelque chose.

Mme Saunders s'est rapprochée pour pouvoir entendre ce qu'ils disaient. "Je vous le dis, nous devons nous débarrasser de cette pollution d'une manière ou d'une autre !" dit l'un des hommes avec colère. "Et comment

му. "Не знам... но ако не направим нещо скоро, целият град ще пострада." "Добре" - въздъхна неохотно другият мъж. Но още сега ти казвам, че какъвто и безумен план да измислиш - няма да го направя!" С това двамата мъже си тръгнаха, оставяйки госпожа Сондърс отново сама с **мислите** си. Цяла нощ госпожа Сондърс не можеше да изхвърли от главата си думите на тези мъже. Колкото повече мислеше за тях, толкова повече се **ядосваше.** За кого се мислеха те, като седяха и не правеха нищо, докато любимите им извори се превръщаха в помийна яма? Е, тя нямаше да се примири с това!

На следващия ден, въоръжена с кофа и гъба, тя тръгна към изворите, решена да ги почисти сама, ако никой друг не го направи. Отнело й часове изтощителна работа в жегата, но до **залез слънце** госпожа Сондърс успяла да направи някои малки подобрения. Окуражена от постигнатия напредък, госпожа Сондърс се прибра у дома, като се зарече да се връща всеки ден, докато не свърши работата. Бавно, но сигурно в **Минерал** Спрингс се разчуло за това, което г-жа Сондърс правела, и не след дълго хората също започнали да се присъединяват.

proposez-vous de faire ça ?" répond son **compagnon** avec scepticisme. "Je ne sais pas... mais si nous ne faisons pas quelque chose rapidement, toute la ville va en souffrir." "Très bien", soupira l'autre homme à contrecœur. Mais je te le dis tout de suite, quel que soit le plan fou que tu trouves, je ne le ferai pas !" Sur ce, les deux hommes se sont séparés, laissant Mme Saunders seule avec ses **pensées** une fois de plus. Mme Saunders n'a pas pu chasser les mots de ces hommes de sa tête de toute la nuit. Plus elle y pensait, plus elle était **en colère**. Pour qui se prenaient-ils, à rester assis à ne rien faire pendant que leur source bien-aimée se transformait en cloaque ? Eh bien, elle n'allait pas **se laisser faire** !

Le lendemain, armée d'un seau et d'une éponge, elle se rendit aux sources, déterminée à les nettoyer elle-même si personne d'autre ne le faisait. Il lui fallut des heures de travail harassant sous une chaleur étouffante, mais au **coucher du soleil**, Mme Saunders avait réussi à faire quelques petites améliorations. Encouragée par ses progrès, Mme Saunders est rentrée chez elle, se jurant de revenir tous les jours jusqu'à ce que le travail soit terminé. Lentement mais sûrement, la nouvelle de ce que faisait Mme Saunders s'est répandue dans tout **Mineral** Springs, et très vite, les gens ont commencé à se joindre à elle.

# Въпроси за разбиране

1. Какво прави госпожа Сондърс, когато чува, че мъжете се карат?

2. Какво беше различното в изворите, когато пристигна г-жа Сондърс?

3. Защо госпожа Сондърс е почувствала нуждата сама да почисти пружините?

4. Как са реагирали хората, когато са разбрали какво прави г-жа Сондърс?

5. Колко време отне на госпожа Сондърс да почисти пружините?

6. Какъв е резултатът от усилията на г-жа Сондърс?

7. Какво си казаха мъжете, преди да тръгнат по своя път?

8. Какво направи госпожа Сондърс, когато се прибра у дома?

9. Какво обещава да направи г-жа Сондърс?

10. Каква е общата реакция на жителите на града, когато виждат, че изворите отново са чисти?

# Questions de compréhension

1. Que fait Mme Saunders lorsqu'elle entend les hommes se disputer ?

2. Qu'est-ce qui était différent dans les sources quand Mme Saunders est arrivée ?

3. Pourquoi Mme Saunders a-t-elle ressenti le besoin de nettoyer les ressorts elle-même ?

4. Comment les gens ont-ils réagi lorsqu'ils ont découvert ce que faisait Mme Saunders ?

5. Combien de temps a-t-il fallu à Mme Saunders pour nettoyer les ressorts ?

6. Quel a été le résultat des efforts de Mme Saunders ?

7. Que se sont dit les hommes avant de partir chacun de leur côté ?

8. Qu'a fait Mme Saunders en rentrant chez elle ?

9. Qu'est-ce que Mme Saunders a juré de faire ?

10. Quelle a été la réaction collective des habitants de la ville lorsqu'ils ont vu les sources couler à nouveau ?

# Планините Витоша

Слънцето току-що бе надникнало над **хоризонта и** хвърляше розово-оранжево сияние върху планината Витоша. Птичките пееха, а катеричките си бъбреха, докато се занимаваха със сутрешните си дела. Всичко на света беше наред, с изключение на едно малко нещо. В далечината, от другата страна на **долината,** се събираше тъмен облак. Той не беше естествен - това беше ясно от размера и скоростта му. Нещо идваше и не изглеждаше добре. Животните също можеха да го усетят. Те замълчаха, докато гледаха **приближаването на** облака, а сърцата им се свиваха от **страх**.

Дори и най-смелите сред тях знаеха, че не могат да се преборят с това - каквото и да беше, то беше голямо, мощно и **опасно**. Когато облакът достигна до тях, те видяха какво всъщност представлява: огромно стадо препускащи коне! Очите им бяха обезумели от ужас, докато те преминаваха с гръм и трясък, оставяйки след себе си следа от прах и разрушения. Животните изпаднаха в **паника**. Не знаеха какво да правят и къде да отидат. Някои от тях побягнаха към безопасното място в гората, а други се скриха в хралупи и **пещери с** надеждата, че

# Montagnes de Vitosha

Le soleil commençait à peine à dépasser l'**horizon**, projetant une lueur rose et orange sur les montagnes de Vitosha. Les oiseaux chantaient, et les écureuils jacassaient en vaquant à leurs occupations matinales. Tout allait bien dans le monde, à l'exception d'une petite chose. Au loin, de l'autre côté de la **vallée**, un nuage sombre se formait. Ce n'était pas naturel, sa taille et sa vitesse le montraient clairement. Quelque chose arrivait, et ça n'avait pas l'air bon. Les animaux pouvaient le sentir aussi. Ils sont devenus silencieux en regardant le nuage **approcher**, leurs cœurs battant la **chamade**.

Même les plus courageux d'entre eux savaient que c'était quelque chose contre lequel ils ne pourraient pas lutter - quoi que ce soit, c'était grand, puissant et **dangereux**. Lorsque le nuage est arrivé jusqu'à eux, ils ont pu voir ce que c'était vraiment : un énorme troupeau de chevaux en furie ! Leurs yeux étaient fous de terreur tandis qu'ils passaient en trombe, laissant derrière eux une traînée de poussière et de destruction. Les animaux étaient en **panique**. Ils ne savaient pas quoi faire ni où aller. Certains couraient vers la sécurité de la forêt, tandis que d'autres se cachaient dans des terriers

ще бъдат пощадени. Но конете не се интересуваха от това кой се крие и кой бяга. Те имаха мисия да унищожат всичко по пътя си! Дърветата бяха изкоренени, **скалите -** разбити, а малките същества - стъпкани. Нямаше спасение от яростта им.

Както внезапно се бяха появили, конете отново изчезнаха в далечината, оставяйки след себе си следи от разруха. Животните бавно излязоха от скривалищата си, треперещи от страх от това, на което току-що бяха станали свидетели. Това беше **нещо, което** те никога нямаше да забравят - събитие, което щеше да промени живота им завинаги. Животните знаеха, че трябва да предупредят останалите. Това беше нещо голямо и лошо и идваше за всички тях. Затова те разпространиха информацията надлъж и нашир, докато всяко **същество** в гората научи за препускащите коне. Някои от тях искаха да останат и да се бият, но бързо разбраха, че няма как да победят срещу такава сила. Вместо това те побягнаха. **Разпръснаха се** по вятъра, бягайки колкото се може по-бързо към безопасността. Може би някой ден ще се върнат, но засега единствената им цел беше да **оцелеят**.

et des **grottes**, espérant être épargnés. Mais les chevaux ne se souciaient pas de savoir qui se cachait et qui courait. Ils étaient en mission pour détruire tout sur leur passage ! Les arbres étaient déracinés, les **rochers** étaient fracassés et les petites créatures étaient piétinées. Il n'y avait aucun moyen d'échapper à leur fureur.

Aussi soudainement qu'ils étaient apparus, les chevaux ont disparu au loin, laissant derrière eux une traînée de dévastation. Les animaux sortent lentement de leur cachette, tremblant de peur devant ce dont ils viennent d'être témoins. C'était **quelque chose** qu'ils n'oublieraient jamais, un événement qui changerait leur vie à jamais. Les animaux savaient qu'ils devaient avertir les autres. C'était quelque chose d'énorme et de mauvais, qui allait les frapper tous. Ils répandirent donc la nouvelle jusqu'à ce que toutes les **créatures** de la forêt soient au courant de la ruée des chevaux. Certains voulaient rester et se battre, mais ils ont vite compris qu'il n'y avait aucun moyen de gagner contre une telle force. Alors à la place, ils ont fui. Ils **se sont dispersés dans le vent**, courant aussi vite qu'ils le pouvaient vers la sécurité. Peut-être qu'un jour ils reviendraient, mais pour l'instant, leur seul but était de **survivre**.

# Въпроси за разбиране

1. Какъв беше тъмният облак, който животните видяха в далечината?

2. Какво направиха животните, когато видяха препускащите коне?

3. Защо животните са избягали?

4. Как са се отразили на животните препускащите коне?

5. Какво направиха животните, след като конете си тръгнаха?

6. Каква е била целта на животните?

7. Как мислите, какво са си помислили животните, когато са видели конете?

8. Мислите ли, че животните ще се върнат? Защо или защо не?

9. Какво бихте направили, ако бяхте на мястото на животните?

10. Какво според вас представляват препускащите коне?

# Questions de compréhension

1. Quel était le nuage sombre que les animaux ont vu au loin ?

2. Qu'ont fait les animaux lorsqu'ils ont vu les chevaux en furie ?

3. Pourquoi les animaux ont-ils fui ?

4. Comment les chevaux en fuite ont-ils affecté les animaux ?

5. Qu'ont fait les animaux après le départ des chevaux ?

6. Quel était le but des animaux ?

7. À ton avis, à quoi pensaient les animaux en voyant les chevaux ?

8. Pensez-vous que les animaux reviendront ? Pourquoi ou pourquoi pas ?

9. Qu'auriez-vous fait si vous étiez à la place des animaux ?

10. D'après vous, que représentent les chevaux en fuite ?

# Rakiya

Ракия винаги е била **творческо** дете. Тя обичаше да измисля истории и да пее песни. Родителите ѝ насърчавали творчеството ѝ и тя често прекарвала часове в стаята си, потънала в собствения си свят. Един ден родителите на Ракия я водят на представление. Тя за първи път виждала нещо подобно и била запленена от историята. След представлението **родителите на** Ракия я попитали дали не би искала сама да опита да играе. Те я записват в клас по актьорско майсторство и Ракия бързо се влюбва в играта. Ракия започва да участва в местни **театрални** постановки и скоро забелязват таланта ѝ. Тя получава по-големи роли и дори се снима в телевизията. Кариерата ѝ се развива, но Ракия все още намира време за творчески занимания извън актьорската професия: пише разкази, рисува картини и композира песни на **пиано**.

Усеща, че творчеството ѝ помага да се задържи на земята на фона на всички успехи, които постига като актриса. Също така означава, че когато нещата не вървят добре в професионален план, тя винаги може да се обърне към изкуството като форма на себеизразяване и **освобождаване**. С навлизането

# Rakiya

Rakiya a toujours été une enfant **créative**. Elle aimait inventer des histoires et chanter des chansons. Ses parents encourageaient sa créativité, et elle passait souvent des heures dans sa chambre, perdue dans son propre monde. Un jour, les parents de Rakiya l'ont emmenée voir une pièce de théâtre. C'était la première fois qu'elle voyait une telle pièce et elle a été captivée par l'histoire. Après le spectacle, les **parents** de Rakiya lui ont demandé si elle voulait essayer de jouer elle-même. Ils l'ont inscrite à un cours de théâtre, et Rakiya est rapidement tombée amoureuse de la scène. Rakiya a commencé à jouer dans des productions **théâtrales** locales et s'est rapidement fait remarquer pour son talent. Elle a décroché des rôles plus importants et a même travaillé à la télévision. Sa carrière décolle, mais Rakiya trouve encore le temps de s'adonner à des activités créatives en dehors du théâtre : elle écrit des histoires, peint des tableaux et compose des chansons au **piano**.

Elle pensait que la créativité l'aidait à garder les pieds sur terre au milieu de tout le succès qu'elle rencontrait en tant qu'actrice. Cela signifiait également que lorsque les choses n'allaient pas très bien sur le plan professionnel, elle pouvait toujours se tourner vers l'art

си в зряла възраст Ракия се насочва към независими филмови проекти, които ѝ позволяват по-голям артистичен контрол, отколкото работата в Холивуд. Тя пише, режисира и участва в няколко успешни **късометражни** филма, които получават одобрението на критиката. Нейната уникална визия и стил ѝ спечелват верни последователи сред кинозрителите, които оценяват да видят нещо различно на екрана. През последните години Ракия започва да експериментира с **технологията за** виртуална реалност като начин да създаде още по-завладяващи преживявания за публиката.

Тя е смятана за един от **най-иновативните** режисьори, работещи днес, и не показва признаци, че скоро ще забави темпото. Последният проект на Ракия е VR преживяване, базирано на собствената ѝ житейска история. Играчът влиза в ролята на Ракия, докато тя се занимава с ежедневните си дейности - от уроци по актьорско майсторство до **работа на** снимачната площадка. Когато играчът навлезе по-дълбоко в играта, той започва да вижда проблясъци от творческия процес на Ракия по време на работа и как тя черпи вдъхновение от заобикалящия я свят. В момента Ракия разработва няколко нови проекта, както в традиционната филмова сфера, така и във VR. Тя продължава да се стреми да разширява границите и да разказва истории, които намират отклик у хората по целия свят.

comme forme d'expression et de **libération**. En entrant dans l'âge adulte, Rakiya s'est sentie plus attirée par les projets de films indépendants, qui lui permettaient d'avoir un plus grand contrôle artistique que le travail dans le courant dominant d'Hollywood. Elle a écrit, réalisé et joué dans plusieurs **courts** métrages à succès qui ont été salués par la critique. Sa vision et son style uniques lui ont valu un public fidèle parmi les cinéphiles qui apprécient de voir quelque chose de différent à l'écran. Ces dernières années, Rakya a commencé à expérimenter la **technologie de la** réalité virtuelle afin de créer des expériences narratives encore plus immersives pour le public.

Elle est largement considérée comme l'une des réalisatrices les plus **innovantes du** moment et ne montre aucun signe de ralentissement à court terme. Le dernier projet de Rakiya est une expérience VR basée sur l'histoire de sa propre vie. Le joueur incarne Rakiya dans ses activités quotidiennes, du cours de théâtre au **travail** sur le plateau. À mesure que le joueur s'enfonce dans le jeu, il commence à entrevoir le processus créatif de Rakiya au travail et la façon dont elle s'inspire du monde qui l'entoure. Rakiya est actuellement en train de développer plusieurs nouveaux projets, tant dans le domaine du cinéma traditionnel que dans celui de la RV. Elle s'attache à repousser les limites et à raconter des histoires qui trouvent un écho auprès des gens du monde entier.

# Въпроси за разбиране

1. Как се казва главният герой?

2. Какво са направили родителите на героинята, за да насърчат нейното творчество?

3. Каква е реакцията на главната героиня на пиесата, която родителите й са я завели да види?

4. Защо родителите на главната героиня я записват на курс по актьорско майсторство?

5. Какво прави главният герой, когато не играе?

6. С какви филми предпочита да работи главният герой?

7. Какъв е последният проект на главния герой?

8. Какво може да направи играчът в играта, основана на историята на живота на главния герой?

9. Каква тема се проявява в историята на главния герой?

10. На кого е вдъхновение главният герой?

# Questions de compréhension

1. Quel est le nom du protagoniste ?

2. Que faisaient les parents de la protagoniste pour encourager sa créativité ?

3. Quelle a été la réaction de la protagoniste à la pièce de théâtre que ses parents l'ont emmenée voir ?

4. Pourquoi les parents de la protagoniste l'ont-ils inscrite à un cours de théâtre ?

5. Que faisait la protagoniste lorsqu'elle ne jouait pas la comédie ?

6. Sur quel genre de films le protagoniste préfère-t-il travailler ?

7. Quel est le dernier projet du protagoniste ?

8. Que peut faire le joueur dans le jeu basé sur l'histoire de la vie du protagoniste ?

9. Quel thème est évident dans l'histoire du protagoniste ?

10. De qui le protagoniste s'inspire-t-il ?

# Траките

Траките били горд и благороден народ. Живеели са в земя, богата на **ресурси, и са** имали силата и числеността да я защитават. Въпреки това земята им била заобиколена от врагове, които винаги търсели възможност да нанесат удар. В резултат на това траките е трябвало да бъдат постоянно нащрек, готови да се бият във всеки един момент. Един ден, докато траките били на **лов,** те попаднали на засада от група разбойници. Бандитите ги превъзхождали числено и бързо ги пленили. **Водачът на** бандитите поискал от траките да предадат всичките си ценности, иначе ще ги убие.

Траките отказали да се подчинят на исканията му и затова вождът заповядал на хората си да започнат да ги убиват един по един. Първите няколко **жертви** молели за милост, но скоро разбрали, че няма да получат такава от похитителите си. С падането на всеки тракиец останалите ставали все по-решителни да не се отказват от имуществото и живота си без бой. Накрая водачът на разбойниците се уморил да чака и **заповядал на** хората си да избият всички траки. Докато умирали, траките знаели, че са загинали с чест и че имената им ще бъдат **запомнени** завинаги от народа им. Новината за

# Les Thraces

Les Thraces étaient un peuple fier et noble. Ils vivaient dans un pays riche en **ressources**, et ils avaient la force et le nombre nécessaires pour le défendre. Cependant, leur pays était également entouré d'ennemis qui cherchaient toujours une occasion de frapper. Par conséquent, les Thraces devaient être constamment sur leurs gardes, prêts à se battre à tout moment. Un jour, alors que les Thraces étaient à la **chasse**, ils ont été pris en embuscade par un groupe de bandits. Les bandits étaient plus nombreux qu'eux et les ont rapidement fait prisonniers. Le **chef** des bandits a exigé que les Thraces lui remettent tous leurs objets de valeur ou il les tuerait tous.

Les Thraces refusent de céder à ses exigences, et le chef ordonne à ses hommes de les tuer un par un. Les premières **victimes** implorent la pitié, mais se rendent vite compte qu'elles n'obtiendront rien de leurs ravisseurs. Plus les Thraces tombaient, plus ceux qui restaient étaient déterminés à ne pas abandonner leurs biens ou leur vie sans se battre. Finalement, le chef des bandits en a eu assez d'attendre et a **ordonné** à ses hommes de tuer tous les Thraces. Alors qu'ils agonisaient, les Thraces savaient qu'ils étaient morts avec honneur et que leur nom resterait à jamais **gravé**

смъртта на траките се разпространява бързо и скоро враговете им са на прага им, като искат да предадат всичките си **ресурси**.

Траките отказали и се сражавали храбро срещу **огромното превъзходство**. В крайна сметка те побеждават и прогонват враговете си. Траките са платили висока цена за победата си, но са показали, че са сила, с която трябва да се съобразяват. Тяхната **смелост** и решителност ще се помнят от идните поколения. Траките най-накрая са могли да живеят в мир и благоденствие. Земята им процъфтяваше, а **народът** им благоденстваше. Споменът за загиналите им другари ги вдъхновявал да бъдат винаги готови да защитават дома си и начина си на живот. Траките се превърнали в **легенда**.

**dans la mémoire** de leur peuple. La nouvelle de la mort des Thraces se répandit rapidement, et bientôt leurs ennemis furent à leur porte, exigeant qu'ils leur remettent toutes leurs **ressources**.

Les Thraces ont refusé et se sont battus courageusement contre des forces **écrasantes**. Au final, ils ont été victorieux et ont chassé leurs ennemis. Les Thraces ont payé un lourd tribut à leur victoire, mais ils ont montré qu'ils étaient une force avec laquelle il fallait compter. Leur **courage** et leur détermination resteront dans les mémoires pour les générations à venir. Les Thraces ont enfin pu vivre dans la paix et la prospérité. Leur terre s'est épanouie et leur **peuple** a prospéré. Le souvenir de leurs camarades tombés au combat les incitait à toujours être prêts à défendre leur foyer et leur mode de vie. Les Thraces étaient devenus une **légende**.

# Въпроси за разбиране

1. Кои са били траките?

2. Къде са живели траките?

3. Защо траките е трябвало да бъдат постоянно нащрек?

4. Какво се случило, когато траките били на лов?

5. Кой нападна траките от засада?

6. Какво поиска водачът на разбойниците?

7. Какво се случи, когато траките отказаха да се подчинят на исканията?

8. Кога траките разбрали, че ще бъдат запомнени завинаги?

9. Какъв е резултатът от борбата на траките с техните врагове?

10. Защо траките са легенда?

# Questions de compréhension

1. Qu'étaient les Thraces ?

2. Où vivaient les Thraces ?

3. Pourquoi les Thraces devaient-ils être constamment sur leurs gardes ?

4. Que se passait-il quand les Thraces étaient à la chasse ?

5. Qui a tendu une embuscade aux Thraces ?

6. Qu'a demandé le chef des bandits ?

7. Que s'est-il passé lorsque les Thraces ont refusé de céder aux exigences ?

8. Quand les Thraces ont-ils su qu'on se souviendrait d'eux pour toujours ?

9. Quel a été le résultat de la lutte des Thraces contre leurs ennemis ?

10. Pourquoi les Thraces sont-ils une légende ?

# Пловдив

Град Пловдив е оживен **метрополис, изпълнен с** живот и енергия. Това е място, където всичко може да се случи. Един ден млада жена на име София решава да се премести в Пловдив, за да започне на чисто. Тя е преминала през трудни моменти и е готова за промяна. Когато пристига в **града,** тя веднага се влюбва в него. Всичко е толкова ново и вълнуващо за нея. София бързо се сприятелява и започва да изследва всичко, което градът може да предложи. Тя открива скрити съкровища, като малки **кафенета,** закътани в уличките, или тайни градини на покривите с прекрасна гледка към хоризонта. Всеки ден в Пловдив е приключение. В крайна сметка София се влюбва до уши в града - точно толкова, колкото и той **в** нея.

София живееше в Пловдив от няколко месеца и **много** й харесваше. Харесваше й енергията на града; винаги имаше нещо ново за изследване. Един ден София решила да **се** отклони от утъпкания път и да види какво още може да предложи градът. В крайна сметка се озовала в част на града, в която не била ходила преди. Беше малко занемарена и не се случваше много. Но докато София се разхождаше, започна да забелязва всички уникални

# Plovdiv

La ville de Plovdiv est une **métropole** animée, pleine de vie et d'énergie. C'est un endroit où tout et n'importe quoi peut arriver. Un jour, une jeune femme nommée Sofia décide de déménager à Plovdiv pour prendre un nouveau départ. Elle a traversé des moments difficiles et est prête à changer. Lorsqu'elle arrive dans la **ville**, elle en tombe immédiatement amoureuse. Tout est si nouveau et si excitant pour elle. Sofia se fait rapidement des amis et commence à explorer tout ce que la ville a à offrir. Elle découvre des joyaux cachés, comme des petits **cafés** cachés dans des ruelles ou des jardins secrets sur les toits avec une vue imprenable sur la ligne d'horizon. Chaque jour est une aventure à Plovdiv. Sofia finit par tomber éperdument amoureuse de la ville, tout comme elle semble **tomber amoureuse** d'elle.

Sofia vit à Plovdiv depuis quelques mois maintenant, et elle adore ça. Elle aimait l'énergie de la ville, il y avait toujours quelque chose de nouveau à explorer. Un jour, Sofia a décidé de sortir des sentiers battus et de voir ce que la ville avait d'autre à offrir. Elle se retrouve dans un quartier de la ville où elle n'était jamais allée auparavant. C'était un peu délabré et il ne se passait pas grand chose. Mais en se promenant, Sofia a commencé à remarquer tous les détails uniques de cet

детайли на това място, които го правеха **специално**. Графитите по стените, начинът, по който хората бяха толкова дружелюбни въпреки обстоятелствата... тя осъзна, че сега това е една от любимите й части на Пловдив. С всеки изминал ден София продължаваше да открива все повече и повече причини, поради които обичаше този град. От скритите му съкровища до оживената му култура, в Пловдив имаше нещо, което чувстваше като у дома си. София живееше в Пловдив от известно време и беше **щастлива** да го нарече свой дом.

Обича всичко в града - неговата енергия, разнообразие, скрити съкровища. Един ден София се разхождаше както обикновено, когато се натъкна на група хора, събрани около нещо. Когато се приближила, разбрала, че всички гледат към един **бездомник,** който лежал на земята. Изглеждаше, че е в лошо състояние и не се движи. Без да се замисля повече, София се втурнала да му помогне. Извикала линейка и останала при него, докато пристигне помощ. Оказало се, че той просто имал нужда от храна и почивка, но **добрината на** София се превърнала в заглавие в целия град. От този момент нататък тя става известна като "пловдивския ангел". Годините минават, а София продължава да живее щастливо в Пловдив с приятелите си до себе си.

endroit qui le rendaient **spécial**. Les graffitis sur les murs, la façon dont les gens étaient si amicaux malgré les circonstances... elle a réalisé que c'était l'un de ses quartiers préférés de Plovdiv maintenant. Chaque jour, Sofia continue à trouver de plus en plus de raisons pour lesquelles elle aime cette ville. De ses trésors cachés à sa culture vibrante, il y a quelque chose à Plovdiv qui la fait se sentir chez elle. Sofia vit à Plovdiv depuis un certain temps maintenant, et elle est **heureuse de s'y sentir** chez elle.

Elle aimait tout de la ville - son énergie, sa diversité, ses trésors cachés. Un jour, Sofia était en train d'explorer comme d'habitude lorsqu'elle a croisé un groupe de personnes rassemblées autour de quelque chose. En s'approchant, elle s'est rendu compte qu'ils regardaient tous un **sans-abri** allongé sur le sol. Il semblait être en mauvais état et ne bougeait pas. Sans réfléchir davantage, Sofia s'est précipitée pour l'aider. Elle a appelé une ambulance et est restée avec lui jusqu'à ce que les secours arrivent. Il s'est avéré qu'il avait simplement besoin de nourriture et de repos, mais l'acte de **bonté** de Sofia a fait les gros titres dans toute la ville. Dès lors, elle est connue sous le nom de "l'ange de Plovdiv". Les années ont passé, et Sofia a continué à vivre heureuse à Plovdiv avec ses amis à ses côtés.

# Въпроси за разбиране

1. Какво мисли София за Пловдив, когато пристига за първи път?

2. Какво прави София, когато се натъква на бездомник в нужда?

3. Как се променя град Пловдив през годините?

4. Какво най-много харесва София в града?

5. Защо София решава да се премести в Пловдив?

6. Какво намира София, когато се отклонява от утъпкания път?

7. Какво мислят приятелите на София за преместването ѝ в Пловдив?

8. Какво мисли София за енергията на града?

9. Какво мисли София за скритите съкровища на града?

10. Какво мисли София за разнообразието в града?

# Questions de compréhension

1. Que pense Sofia de Plovdiv lorsqu'elle arrive pour la première fois ?

2. Que fait Sofia lorsqu'elle croise un sans-abri dans le besoin ?

3. Comment la ville de Plovdiv évolue-t-elle au fil des ans ?

4. Qu'est-ce que Sofia aime le plus dans cette ville ?

5. Pourquoi Sofia décide-t-elle de s'installer à Plovdiv ?

6. Que trouve Sofia lorsqu'elle s'éloigne des sentiers battus ?

7. Que pensent les amis de Sofia de son déménagement à Plovdiv ?

8. Que pense Sofia de l'énergie de la ville ?

9. Que pense Sofia des trésors cachés de la ville ?

10. Que pense Sofia de la diversité de la ville ?

# На плажа

След изгрев слънце вълните са по-силни, а пясъкът над прилива е бял. Слизам на плажа и **се любувам на** морето и слънцето. Пръстите на краката ми усещат вдлъбнатините на раковините. Пясъкът е студен по пръстите ми. Усмихвам се и продължавам да вървя. Приливът е силен, затова трябва да внимавам да не ме завлече. Вървя покрай брега и се любувам на морето. Изгревът е **красив,** а вълните се разбиват. Чувствам се толкова спокойна. Стигам до едно място, където има скална издатина. Сядам и наблюдавам вълните. Водата е толкова синя, а небето е толкова **оранжево**. Чувствам се като в сън. Затварям очи и просто слушам вълните. Седя там дълго време, докато не чувам някой да ме вика по име.

Отварям очи и виждам майка ми да върви към мен. Лицето й е разтревожено. Усмихвам се и й махам, а тя **се успокоява**. "Чудех се къде си отишъл", казва тя. "Радвам се, че се наслаждаваш на плажа." Отговарям: "Да." "Толкова е красиво тук." "Знам", казва тя. "Когато бях на твоите години, постоянно идвах тук." "Наистина?" Питам я. "Да", отговаря тя. "Това е специално място." "Срещала ли си някога някой специален тук?" Питам. "Срещала съм",

# A la plage

Après le lever du soleil, les vagues sont plus fortes et le sable au-dessus de la marée est blanc. Je marche jusqu'à la plage, **admirant** la mer et le soleil. Mes orteils sentent les rainures des coquillages. Le sable est froid sur mes orteils. Je souris et je continue. La marée est haute, alors je dois faire attention à ne pas me laisser entraîner. Je marche le long du bord de l'eau, en admirant la mer. Le lever du soleil est **magnifique**, et les vagues s'écrasent. Je me sens si paisible. J'arrive à un endroit où il y a un affleurement rocheux. Je m'assieds et je regarde les vagues. L'eau est si bleue et le ciel est si **orange**. J'ai l'impression d'être dans un rêve. Je ferme les yeux et je me contente d'écouter les vagues. Je suis restée assise pendant un long moment, jusqu'à ce que j'entende quelqu'un m'appeler.

J'ouvre les yeux et je vois ma mère marcher vers moi. Elle a un air inquiet sur le visage. Je souris et je lui fais signe, et elle **se détend**. "Je me demandais où tu étais allée", dit-elle. "Je suis contente que tu profites de la plage." Je réponds : "J'en profite." "C'est tellement beau ici." "Je sais", dit-elle. "Je venais ici tout le temps quand j'avais ton âge." "Vraiment ?" Je demande. "Ouais", répond-elle. "C'est un endroit spécial." "As-tu déjà rencontré quelqu'un de spécial ici ?" Je demande. "Oui",

отговаря тя с усмивка. "Баща ти." "Наистина?" Казвам **изненадано**. "Да", казва тя. "Идвахме тук през цялото време заедно. Това е мястото, където се влюбихме. " Усмихвам се, като **си представям как** родителите ми се влюбват на този красив плаж. "Това е специално място", повтаря тя. "Радвам се, че дойдохте тук днес."

Седим там още известно време, **наблюдавайки** вълните и залеза. След това ставаме и се връщаме при плажните си кърпи. Аз лягам и гледам звездите. Чувствам се толкова щастлива и доволна. Вълните вече са по-силни, а пясъкът е студен. Слънцето залязва и духа хладен вятър. Вълните се разбиват в брега, а във въздуха се носи мирис на сол. Това е идеалната вечер за плаж. Разхождам се покрай брега, **слушам** шума на вълните и наблюдавам залеза. Виждам група хора, които седят на пясъка, смеят се и се шегуват. Изглеждат така, сякаш се забавляват. Отивам при тях и ги питам дали мога да се присъединя към тях. Те казват "да" и прекарваме остатъка от вечерта в разговори, смях и гледане на **залеза**. Това е една перфектна вечер. Аз и групата разговаряме, докато слънцето не залезе. Споделяме истории и вицове и всички се забавляваме чудесно. С настъпването на нощта всички започваме да се чувстваме уморени.

répond-elle avec un sourire. "Ton père." "Vraiment ?"
Je dis, **surpris**. "Oui," dit-elle. "Nous avions l'habitude
de venir ici tout le temps ensemble. C'est là que nous
sommes tombés amoureux. " Je souris, **imaginant**
mes parents tombant amoureux sur cette magnifique
plage. " C'est un endroit spécial ", répète-t-elle. "Je suis
contente que tu sois venu ici aujourd'hui."

Nous restons assis là un moment de plus, à **regarder**
les vagues et le coucher de soleil. Puis nous nous
levons et retournons à nos serviettes de plage.
Je m'allonge et regarde les étoiles. Je me sens si
heureuse et satisfaite. Les vagues sont plus fortes
maintenant, et le sable est froid. Le soleil se couche et
une brise fraîche souffle. Les vagues s'écrasent sur le
rivage et l'odeur du sel flotte dans l'air. C'est une soirée
parfaite pour être à la plage. Je me promène le long du
rivage, en **écoutant le** bruit des vagues et en regardant
le coucher du soleil. Je vois un groupe de personnes
assises sur le sable, qui rient et plaisantent. Ils ont
l'air de passer un bon moment. Je m'approche d'eux
et leur demande si je peux les rejoindre. Ils acceptent
et nous passons le reste de la soirée à parler, à rire
et à regarder le **coucher de soleil**. C'est une soirée
parfaite. Le groupe et moi parlons jusqu'au coucher du
soleil. Nous partageons des histoires et des blagues,
et nous passons tous un bon moment. À la tombée de
la nuit, nous commençons tous à nous sentir fatigués.
Nous nous embrassons et nous nous séparons.

# Въпроси за разбиране

1. Къде отива разказвачът, след като се събужда?

2. На какво се възхищава разказвачът, докато се разхожда по плажа?

3. За какво трябва да внимава разказвачът, докато се разхожда по плажа?

4. Къде сяда разказвачът, за да се наслади на гледката?

5. Колко време разказвачът седи там?

6. Кого вижда разказвачът, когато отново отваря очи?

7. Какво казва майката на разказвача?

8. За какво си говорят разказвачът и хората, които среща?

# Questions de compréhension

1. Où va la narratrice après son réveil ?

2. Qu'est-ce que la narratrice admire en marchant le long de la plage ?

3. De quoi la narratrice doit-elle se méfier lorsqu'elle marche le long de la plage ?

4. Où le narrateur s'assoit-il pour profiter de la vue ?

5. Combien de temps le narrateur reste-t-il assis là ?

6. Qui la narratrice voit-elle lorsqu'elle ouvre à nouveau les yeux ?

7. Que dit la mère du narrateur ?

8. De quoi parlent la narratrice et les personnes qu'elle rencontre ?

# Къмпингуване край езерото

Вървя към езерото и **се любувам на** спокойствието на пейзажа. Слънцето огрява малкото езеро и кара водата да изглежда като стъклен лист. Единственото движение е от време на време, когато някоя риба **се размърда на** повърхността. Дори птиците сякаш си почиват от жегата, а въздухът се изпълва само със звука на цикади. **Изведнъж** спокойствието се нарушава от силен плясък. Голяма **риба** е изскочила от водата, опитвайки се да хване водно конче. Рибата улучава целта си и пада обратно във водата с плясък. "Уау," мисля си, "това беше голяма риба!". Огледах се, за да видя дали някой друг я е видял, но наоколо нямаше никой. Предполагам, че ще трябва да им кажа, когато се върна в лагера.

Горещината е **потискаща** и затруднява дишането. Въздухът е гъст и тежък, като одеяло, увито около вас. Единственото облекчение е във водата. Тя е хладна и освежаваща, като студена напитка в горещ ден. Поемам дълбоко въздух и се гмурвам във водата. Облекчението е незабавно, тъй като хладната вода ме обгръща. Плувам до дъното и после отново се издигам на повърхността, усещайки как водата охлажда тялото ми. Продължавам да

# Camping au lac

Je me dirige vers le lac, **admirant** la tranquillité de la scène. Le soleil tape sur le petit lac, faisant ressembler l'eau à une feuille de verre. Le seul mouvement est l'ondulation occasionnelle d'un poisson **brisant la** surface. Même les oiseaux semblent prendre une pause de la chaleur, avec seulement le son des cigales remplissant l'air. **Soudain**, la paix est rompue par un grand plouf. Un gros **poisson** a sauté hors de l'eau, essayant d'attraper une libellule. Le poisson rate sa cible et retombe dans l'eau avec un plouf. "Wow," je me dis, "c'était un gros poisson !". J'ai regardé autour de moi pour voir si quelqu'un d'autre l'avait vu, mais il n'y avait personne. Je suppose que je devrai leur dire quand je rentrerai au camp.

La chaleur est **oppressante**, il est difficile de respirer. L'air est épais et lourd, comme une couverture qui vous enveloppe. Le seul soulagement est dans l'eau. Elle est fraîche et rafraîchissante, comme une boisson fraîche par une journée chaude. Je prends une profonde inspiration et je plonge dans l'eau. Le soulagement est immédiat car l'eau fraîche m'entoure. Je nage jusqu'au fond, puis remonte à la surface, sentant l'eau refroidir mon corps. Je continue à **faire** des longueurs,

**плувам** в кръг, наслаждавайки се на почивката от жегата. След известно време излизам от водата и лягам на тревата, за да изсуша тялото си на слънце. Затварям очи и се унасям в сън, а звукът на **цикадите** ме приспива дълбоко. Оставям слънцето да изпече водата от кожата ми. Усещам как кожата ми се зачервява, но не ми пука. Прекалено ми е горещо, за да ми пука.Следващото нещо, което си спомням, е, че слънцето залязва. Небето е красиво оранжево, с розови и лилави ивици. Горещината изчезна, заменена от хладен **бриз**.

Ставам и се обличам, чувствам се освежена и подмладена. **Вдишвам** дълбоко хладния въздух и се усмихвам. Чувствам се добре, че съм жива. Връщам се към лагера, като се любувам на танца на цветовете в небето. В далечината виждам горящия лагерен огън и усещам дима във въздуха. Усмихвам се и **ускорявам** крачка. Готов съм да се отпусна и да се насладя на остатъка от вечерта. Влизам в лагера и виждам, че всички са се събрали около огъня. **Смеят се** и се шегуват, а аз виждам как огънят се отразява в очите им. Усмихвам се и сядам до приятелите си. Хубаво е да се върна. На следващата сутрин се събуждам рано и започвам да събирам нещата си. Нямам търпение да се върна на пътеката и да продължа пътуването си. Сбогувам се с приятелите си и започвам да си тръгвам.

appréciant le répit de la chaleur. Après un moment, je sors de l'eau et je m'allonge sur l'herbe, laissant le soleil sécher mon corps. Je ferme les yeux et m'endors, le son des **cigales** me berce dans un profond sommeil. Je laisse le soleil faire sortir l'eau de ma peau. Je sens que ma peau devient rouge, mais je m'en moque. J'ai trop chaud pour m'en soucier. La prochaine chose que je sais, c'est que le soleil se couche. Le ciel est d'un bel orange, avec des traces de rose et de violet. La chaleur a disparu, remplacée par une **brise** fraîche.

Je me lève et me rhabille, me sentant rafraîchie et rajeunie. Je **respire** profondément l'air frais et je souris. C'est bon d'être en vie. Je retourne au camping, en admirant la façon dont les couleurs dansent dans le ciel. Je peux voir le feu de camp qui brûle au loin et je peux sentir la fumée dans l'air. Je souris et j'**accélère le** pas. Je suis prête à me détendre et à profiter du reste de ma soirée. J'entre dans le camping et je vois que tout le monde est rassemblé autour du feu. Ils **rient** et plaisantent, et je peux voir le feu se refléter dans leurs yeux. Je souris et m'assieds à côté de mes amis. C'est bon d'être de retour. Le lendemain matin, je me réveille tôt et je commence à préparer mes affaires. J'ai hâte de retourner sur le sentier et de poursuivre mon voyage. Je dis au revoir à mes amis et commence à m'éloigner.

# Въпроси за разбиране

1. Къде отива пешеходецът?

2. Какво е времето?

3. Как изглежда водата?

4. Как пешеходецът реагира на топлината?

5. Какво прави рибата?

6. Защо пешеходецът е сам?

7. Какво е усещането за водата?

8. Как се чувства пешеходецът след плуване?

9. По кое време на денонощието се събужда пешеходецът?

10. Къде отива пешеходецът, когато напуска лагера?

# Questions de compréhension

1. Où va le marcheur ?

2. Quel temps fait-il ?

3. À quoi ressemble l'eau ?

4. Comment le marcheur réagit-il à la chaleur ?

5. Que fait le poisson ?

6. Pourquoi le marcheur est-il seul ?

7. Quelle est la sensation de l'eau ?

8. Comment le marcheur se sent-il après avoir nagé ?

9. A quelle heure de la journée le déambulateur se réveille-t-il ?

10. Où va le marcheur quand il quitte le camp ?

# Къщата

Миналата седмица се преместих в новата си къща и съм толкова **развълнувана**! Тя е много по-голяма от старата ми и има голям двор. Нямам търпение да поканя приятели на барбекю и партита. **Любимата** ми част е новата ми спалня. Тя е толкова голяма и светла и имам много място, където да сложа всичките си вещи. Много съм доволна от новата си къща и мисля, че ще бъда много щастлива тук. Реших да разгледам къщата още малко. Качих се на втория етаж и започнах да си проправям път към кухнята, когато видях голям черен паяк на стената! Изкрещях и побягнах надолу. Бях толкова **уплашена**! Но след няколко минути се успокоих и реших да се върна на горния етаж. Бавно стигнах до кухнята и видях, че паякът го няма. Бях толкова облекчена! Върнах се долу и реших да изляза навън, за да разгледам **задния двор**. Беше толкова голям! Не можех да повярвам. Видях люлка в ъгъла и пързалка. Видях и баскетболна мрежа и **батут**. Бях толкова развълнувана!

Нямам търпение да използвам всички тези нови неща. **Съседите** дойдоха и се представиха. Изглеждаха много мили и си поговорихме известно време. Поканиха ме на барбекюто си следващия уикенд и аз казах, че с удоволствие ще дойда. Първата седмица в новата ми къща беше страхотна

# La Maison

J'ai emménagé dans ma nouvelle maison la semaine dernière, et je suis si **excitée** ! Elle est tellement plus grande que l'ancienne, et elle a un grand jardin. J'ai hâte d'inviter des amis pour des barbecues et des fêtes. Ce que je **préfère,** c'est ma nouvelle chambre. Elle est si grande et lumineuse, et j'ai beaucoup d'espace pour mettre toutes mes affaires. Je suis très contente de ma nouvelle maison et je pense que je serai très heureuse ici. J'ai décidé d'explorer un peu plus la maison. Je suis monté au deuxième étage et j'ai commencé à me diriger vers la cuisine quand j'ai vu une grosse araignée noire sur le mur ! J'ai crié et j'ai couru en bas. J'avais tellement **peur** ! Mais après quelques minutes, je me suis calmée et j'ai décidé de retourner à l'étage. J'ai lentement fait mon chemin vers la cuisine et j'ai vu que l'araignée était partie. J'étais tellement soulagée ! Je suis redescendu et j'ai décidé de sortir pour explorer le **jardin**. Elle était si grosse ! Je n'arrivais pas à y croire. J'ai vu une balançoire dans le coin et un toboggan. J'ai aussi vu un filet de basket et un **trampoline**. J'étais tellement excitée!

J'ai hâte d'utiliser tous ces nouveaux trucs. Les **voisins** sont venus et se sont présentés. Ils avaient l'air très gentils, et nous avons parlé un moment. Ils m'ont invité à leur barbecue le week-end prochain, et j'ai dit que j'aimerais beaucoup venir. J'ai passé une excellente

и се вълнувам от всички нови приключения, които ми предстоят. Днес ще отида отново да изследвам задния двор и ще видя какво още мога да намеря. Кой знае, може би дори ще намеря някакво **съкровище**. Нямам търпение да видя какво ще ми донесе следващата седмица! На следващата седмица отново отидох да изследвам в задния двор и открих **тайна** градина. Тя беше толкова красива! Навсякъде имаше цветя и малко езерце с рибки. Видях и една люлка, която не бях виждала преди. Бях толкова развълнувана да открия тази тайна градина и нямам търпение да я изследвам повече. Беше толкова **красива**!

Навсякъде имаше цветя и малко езерце с рибки. Видях и една люлка, която не бях виждал преди. Бях толкова развълнувана да открия тази тайна градина и нямам търпение да я изследвам повече. Новата ми стая също ми хареса. Тя беше толкова голяма и светла, а по стените вече имаше плакати на любимите ми групи. Дори не ми се наложи да си нося собствени **мебели,** защото тук вече имаше легло, скрин и бюро. Това ще бъде най-хубавата година! Бях малко притеснена, че започвам в ново **училище,** но всичките ми нови съседи са толкова дружелюбни. Дори се запознах с едно момиче, което живее в съседство, и то каза, че ще ходи с мен на училище през първия ми ден.

première semaine dans ma nouvelle maison et j'ai hâte de vivre toutes les nouvelles aventures qui m'attendent. Aujourd'hui, je vais encore aller explorer le jardin et voir ce que je peux trouver d'autre. Qui sait, peut-être vais-je même trouver un **trésor**. J'ai hâte de voir ce que la semaine prochaine nous réserve ! La semaine suivante, je suis retourné explorer le jardin et j'ai trouvé un jardin **secret**. C'était tellement beau ! Il y avait des fleurs partout et un petit étang avec des poissons dedans. J'ai aussi vu une balançoire que je n'avais jamais vue auparavant. J'étais si excitée de trouver ce jardin secret, et j'ai hâte de l'explorer davantage. C'était tellement **beau** !

Il y avait des fleurs partout et un petit étang avec des poissons dedans. J'ai aussi vu une **balançoire** que je n'avais jamais vue auparavant. J'étais si excitée de trouver ce jardin secret, et j'ai hâte de l'explorer davantage. J'ai aussi adoré ma nouvelle chambre. Elle était si grande et lumineuse, et il y avait déjà des posters de mes groupes préférés sur les murs. Je n'ai même pas eu besoin d'apporter mes propres **meubles** car il y avait déjà un lit, une commode et un bureau. Ça va être la meilleure année de ma vie ! J'étais un peu nerveux à l'idée de commencer dans une nouvelle **école**, mais tous mes nouveaux voisins ont été si gentils. J'ai même rencontré une fille qui habite à côté et elle m'a dit qu'elle m'accompagnerait à l'école le premier jour.

# Въпроси за разбиране

1. Къде живее лицето?

2. Как му харесва в новата къща?

3. Коя е любимата част на човека в новата къща?

4. Какво е намерил човекът в градината?

5. Кои са съседите?

6. Как се е чувствал човекът през първите дни в новата къща?

7. Коя е любимата част на човека в новата стая?

8. Какво планира да прави човекът утре?

9. Коя е най-хубавата част от първата седмица на човека в новата къща?

10. Какво има в новата стая на човека?

# Questions de compréhension

1. Où vit la personne ?

2. Comment la personne se sent-elle dans sa nouvelle maison ?

3. Quelle est la partie de la nouvelle maison que la personne préfère ?

4. Qu'est-ce que la personne a trouvé dans le jardin ?

5. Qui sont les voisins ?

6. Comment se sont passés les premiers jours de la personne dans sa nouvelle maison ?

7. Quelle est la partie de la nouvelle pièce que la personne préfère ?

8. Qu'est-ce que la personne prévoit de faire demain ?

9. Quelle a été la meilleure partie de la première semaine de la personne dans sa nouvelle maison ?

10. Qu'y a-t-il dans la nouvelle chambre de la personne ?

# Във влака

Тръгнах към гарата, но закъснях. Влакът вече беше тръгнал без мен. Чувствах се толкова **ядосана** и **разочарована от** себе си. Бях планирала да отида с влака на гости на баба ми и дядо ми, които живеят в провинцията, но сега трябваше да чакам цял час за следващия влак. Вместо това реших да се поразходя малко из града и се опитах да забравя за пропуснатата възможност. Докато се разхождах, започнах да **си мечтая** за всички места, на които могат да те отведат **влаковете.** Изведнъж вече не бях толкова разстроен. Върнах се на гарата и не можах да не забележа големия червено-бяло-син локомотив, който си проправяше път към мен. Едва когато виждам **кондуктора да** ми маха от прозореца, разбирам, че този влак е за мен. Качвам се на влака и си намирам място, като се настанявам за това, което обещава да бъде дълго пътуване.

Докато излизаме от гарата, не мога да не се запитам къде ще ме отведе този влак. През зелени **поля** и сини реки, покрай планини и долини, не се знае къде ще отиде този стар влак. Когато нощта започва да се спуска, аз заспивам **спокоен** сън, приспиван от **ритмичното** движение на вагоните по релсите долу. Когато утрото отново настъпва, отварям очи и откривам, че сме пристигнали в малко градче

# Dans le train

J'ai couru jusqu'à la gare, mais c'était trop tard. Le train était déjà parti sans moi. Je me suis sentie tellement **en colère** et **déçue** de moi-même. J'avais prévu de prendre le train pour rendre visite à mes grands-parents qui vivent à la campagne, mais maintenant je devais attendre le prochain train pendant une heure entière. J'ai décidé de me promener un peu dans la ville à la place et j'ai essayé d'oublier cette occasion manquée. En marchant, j'ai commencé à **rêver à** tous les endroits où le **train** peut vous emmener. Soudain, je n'étais plus aussi contrariée. Je suis retourné dans la gare et je n'ai pu m'empêcher de remarquer la grande locomotive rouge, blanche et bleue qui se dirigeait vers moi. Ce n'est que lorsque je vois le **conducteur** me faire signe par la fenêtre que je réalise que ce train est pour moi. Je monte dans le train et trouve mon siège, m'installant pour ce qui promet d'être un long voyage.

Alors que nous sortons de la gare, je ne peux m'empêcher de me demander où ce train va m'emmener. À travers des **champs** verts et des rivières bleues, en passant par des montagnes et des vallées, on ne sait pas où ce vieux train va aller. À la tombée de la nuit, je m'endors **paisiblement**, bercé par le mouvement **rythmique** des wagons sur les rails en contrebas. Quand le matin revient, j'ouvre les yeux

някъде в средата на нищото. Слънцето току-що е надникнало над хоризонта, когато местните жители започват да се разхождат по главната улица; тук денят изглежда като всеки друг, с изключение на едно нещо - в близост до кметството има голям надпис "Добре дошли на борда!" Изглежда, че това градче ни е очаквало, въпреки че сме просто обикновен **пътнически** влак, който минава по пътя си на друго място. Когато отново оставяме градчето зад гърба си и се отправяме кой знае накъде, се усмихвам на всички приятелски настроени лица, които махат за довиждане от малките къщички, сгушени сред **земеделските земи -** наистина е невероятно как нещо толкова обикновено може да донесе толкова много радост само с преминаването си. И тогава, разбира се, има **деца**.

Навеждам се през прозореца на локомотива си. Те винаги ме карат да се чувствам толкова щастлив с блестящите си очи и широките си усмивки. Махнах им енергично в отговор, преди да се върна в **кабината** си и да седна. Денят вече беше дълъг, но все още не е приключил; има още няколко часа, докато достигнем **крайната** си **дестинация**. Изваждам книгата си и започвам да чета, оставяйки се ритмичното люлеене на влака да ме приспи в спокойно състояние.

pour constater que nous sommes arrivés dans une petite ville quelque part au milieu de nulle part. Le soleil pointe à peine à l'horizon et les habitants commencent à s'agiter dans la rue principale ; c'est un jour comme les autres ici, à l'exception d'une chose : il y a un grand panneau près de l'hôtel de ville qui dit "Bienvenue à bord". Il semble que cette petite ville nous attendait, même si nous ne sommes qu'un train de **voyageurs** ordinaire qui passe par là pour aller ailleurs. Alors que nous laissons la ville derrière nous une fois de plus, en direction d'on ne sait où, je souris à tous les visages amicaux qui nous saluent depuis ces petites maisons nichées au milieu des **terres agricoles - c**'est vraiment étonnant de voir comment quelque chose d'apparemment si ordinaire peut apporter tant de joie simplement en passant par là. Et puis, bien sûr, il y a les **enfants**.

Je me penche par la fenêtre de ma locomotive. Ils me rendent toujours si heureux avec leurs yeux brillants et leurs grands sourires. Je leur fais un signe de la main énergique avant de retourner dans ma **cabine** et de m'asseoir. La journée a déjà été longue, mais elle n'est pas encore terminée ; il reste encore quelques heures avant d'atteindre notre **destination** finale. Je sors mon livre et commence à lire, laissant le balancement rythmique du train me bercer dans un état paisible.

# Въпроси за разбиране

1. Къде отива влакът?

2. Кой пътува във влака?

3. Кога тръгва влакът?

4. Как главният герой се качва на влака?

5. Откъде идва влакът?

6. Къде ще пътува влакът?

7. Кога са пристигнали пътниците?

8. Как се чувства главният герой, когато изпуска влака?

9. Как реагира машинистът на влака, когато вижда главния герой?

10. Защо главният герой харесва влаковете?

# Questions de compréhension

1. Où va le train ?

2. Qui voyage dans le train ?

3. Quand le train part-il ?

4. Comment le protagoniste monte-t-il dans le train ?

5. D'où vient le train ?

6. Où le train va-t-il ensuite ?

7. Quand les passagers sont-ils arrivés ?

8. Que ressent le protagoniste lorsqu'il rate le train ?

9. Comment le conducteur du train réagit-il lorsqu'il voit le protagoniste ?

10. Pourquoi le protagoniste aime-t-il les trains ?

# Готвене на вечеря

Вече е 17:00 ч. и се прибирам от работа. Очаквам с **нетърпение да прекарам една** спокойна вечер у дома с партньора си. Ще приготвим вечеря заедно и след това просто ще се отпуснем до края на нощта. Чувствам се добре да знам, че нямам никакви планове или задължения тази **вечер**. Пристигам вкъщи, а партньорът ми вече е в кухнята и започва да приготвя вечерята ни. Тук ухае **невероятно!** Разговаряме, докато готвим, наваксваме за дните си и споделяме малки истории от професионалния си живот. Кухнята е любимата ми стая в нашия апартамент. Обичам да готвя и особено обичам да готвя с партньора си. Винаги си прекарваме толкова добре тук, смеем се и се шегуваме, докато готвим като буря. Освен това храната винаги е **невероятна,** когато работим **заедно**.

Тази вечер приготвяме една от най-любимите ми рецепти: **пиле по** пармезан. Партньорът ми започва с панирането на пилето, докато аз приготвям соса на **котлона**. Работим заедно като добре смазана машина и не след дълго вечерята е готова за сервиране. Сядаме на малката ни кухненска маса с **чинии,** отрупани с пилешки пармезан, паста и салата. Щракваме чаши и отхапваме първата

# Cuisiner le dîner

Il est 17 heures et je rentre à pied du travail. J'ai **hâte** de passer une soirée tranquille à la maison avec mon partenaire. Nous allons préparer le dîner ensemble et nous détendre pour le reste de la nuit. C'est agréable de savoir que je n'ai aucun projet ni aucune obligation ce **soir**. J'arrive à la maison et mon partenaire est déjà dans la cuisine, en train de préparer notre dîner. Ça sent **très bon** ici ! Nous bavardons tout en cuisinant, prenant des nouvelles de nos journées respectives et partageant des petites histoires de nos vies professionnelles. La cuisine est ma pièce préférée dans notre appartement. J'adore cuisiner, et j'aime particulièrement cuisiner avec mon partenaire. Nous passons toujours un bon moment ici, à rire et à plaisanter pendant que nous cuisinons. De plus, la nourriture est toujours **incroyable** lorsque nous travaillons **ensemble**.

Ce soir, nous faisons l'une de mes recettes préférées : le **poulet au** parmesan. Mon partenaire commence par paner le poulet pendant que je fais mijoter la sauce sur la **cuisinière**. Nous travaillons ensemble comme une machine bien huilée, et en peu de temps, le dîner est prêt à être servi. Nous nous asseyons à notre petite table de cuisine avec des **assiettes** remplies de poulet

хапка - и тя е **божествена**! Пилето е хрупкаво отвън, но сочно отвътре; сосът е ароматен и перфектен; пастата е приготвена ал денте... всичко има абсолютно съвършен вкус тази вечер. И двамата знаем, че това е една от онези вечери, в които всичко се е събрало перфектно, докато **се наслаждаваме на** всяка хапка от вкусното ястие. Вкусът беше дори по-добър, отколкото миришеше - а той беше адски добър! Приключваме с храната сравнително бързо, тъй като никой от нас не е особено гладен днес, но не бързаме да се наслаждаваме на още няколко **чаши** вино, докато разговаряме леко на тази и онази тема. След вечерята се прибираме бързо заедно и се преместваме във всекидневната, където прекарваме известно време, **гушкайки се на** дивана, докато гледаме телевизия.

Чувствам се толкова приятно, когато сме близо един до друг след дълъг **работен** ден. Чувствам се доволна. Въпреки че нямахме наситена вечер, беше хубаво просто да прекараме известно време заедно, без да се налага да излизаме от къщи. Гледахме филм и си легнахме рано, като се чувствахме **удовлетворени от** обикновената ни вечер. Това се превърна в едно от **любимите** ни неща, които правим вечер, когато не искаме да излизаме - просто се отпускаме у дома и се наслаждаваме на компанията си на домашно приготвена храна.

au parmesan, de pâtes et de salade. Nous faisons tinter les verres et prenons notre première bouchée - et c'est **divin** ! Le poulet est croustillant à l'extérieur mais juteux à l'intérieur ; la sauce est savoureuse et parfaite ; les pâtes sont cuites al dente... tout a un goût absolument parfait ce soir. Nous savons tous les deux que c'était l'une de ces nuits où tout s'est parfaitement réuni alors que nous **savourons** chaque bouchée de notre délicieux repas. Le goût était encore meilleur que l'odeur, qui était sacrément bonne ! Nous terminons notre repas assez rapidement car aucun de nous n'a particulièrement faim aujourd'hui, mais nous prenons notre temps en dégustant quelques **verres** de vin supplémentaires tout en discutant légèrement de tel ou tel sujet. Après le dîner, nous nettoyons rapidement ensemble et passons au salon, où nous passons un moment à **nous câliner** sur le canapé en regardant la télévision.

C'est tellement agréable d'être près l'un de l'autre après une longue journée de **travail** séparé. Je me sens satisfaite. Même si la soirée n'a pas été très animée, c'était agréable de passer du temps ensemble sans avoir à quitter la maison. Nous avons regardé un film et nous nous sommes couchés tôt, **satisfaits** de notre simple soirée. C'est devenu l'une de nos activités **préférées** les soirs où nous n'avons pas envie de sortir - se détendre à la maison et profiter de la compagnie de l'autre autour d'un repas fait maison.

# Въпроси за разбиране

1. Откъде идва разказвачът?

2. Какво прави разказвачът след работа?

3. Какво яде разказвачът за вечеря?

4. Защо разказвачът харесва кухнята?

5. Какво ястие приготвя двойката?

6. Как се чувства разказвачът в края на вечерта?

7. Кое е любимото занимание на двойката?

8. Какво прави двойката, когато се умори?

9. Къде спят?

10. Защо разказвачът обича да си стои вкъщи?

# Questions de compréhension

1. D'où vient le narrateur ?

2. Que fait le narrateur après le travail ?

3. Que mange le narrateur pour le dîner ?

4. Pourquoi le narrateur aime-t-il la cuisine ?

5. Quel genre de plat le couple cuisine-t-il ?

6. Que ressent le narrateur à la fin de la soirée ?

7. Quelle est l'activité préférée du couple ?

8. Que fait le couple quand il est fatigué ?

9. Où dorment-ils ?

10. Pourquoi le narrateur aime-t-il rester à la maison ?

# Разходка до дома

Беше **спокойна** нощ, когато се прибирах от работа. Докато вървях, не можех да не се усмихна на спомените си. Чувствах се добре да се върна в стария си квартал. Махнах на няколко познати и те ми махнаха в отговор. Беше хубаво да съм си у дома. Минах покрай старото си училище и **си спомних** всички хубави моменти, които изживях с приятелите си. Винаги се прибирахме заедно и разказвахме за деня си. **Понякога** спирахме да си купим сладолед или отивахме в парка. Това бяха най-хубавите моменти. Липсват ми тези времена. Но сега имам собствено семейство и съм щастлива от живота си. Радвам се, че мога да погледна назад към тези спомени и да се усмихна. Те са част от живота ми, която винаги ще ценя. Това бяха най-хубавите времена. Липсват ми тези времена. Но сега имам собствено семейство и съм щастлив от живота си. Радвам се, че мога да погледна назад към тези **спомени** и да се усмихна. Те са част от живота ми, която винаги ще ценя.

Продължавам да вървя, мислейки си за хубавите моменти, които изживях с приятелите си. Знам, че скоро ще ги видя отново. Тръгвам към дома си и решавам да се разходя из близкия парк. Слънцето

# Walking Home

C'était une nuit **paisible** alors que je rentrais du travail. En marchant, je ne pouvais m'empêcher de sourire aux souvenirs. C'était bon d'être de retour dans mon ancien quartier. J'ai salué quelques personnes que je connaissais, et elles m'ont salué en retour. C'était bon d'être chez soi. Je suis passé devant mon ancienne école et je **me suis souvenu de** tous les bons moments que j'ai passés avec mes amis. On rentrait toujours ensemble à la maison et on parlait de notre journée. **Parfois,** on s'arrêtait pour acheter une glace ou aller au parc. C'était les meilleurs moments. Ces moments me manquent. Mais maintenant, j'ai ma propre famille et je suis heureuse de ma vie. Je suis heureux de pouvoir repenser à ces souvenirs et de sourire. Ils font partie de ma vie et je les chérirai toujours. C'était les meilleurs moments. Ils me manquent. Mais maintenant, j'ai ma propre famille et je suis heureux de ma vie. Je suis heureux de pouvoir repenser à ces **souvenirs** et de sourire. Ils font partie de ma vie et je les chérirai toujours.

Je continue à marcher, en pensant aux bons moments que j'ai passés avec mes amis. Je sais que je les reverrai bientôt. Je me dirige vers ma maison et décide de me promener dans un parc à proximité. Le soleil se

залязва и небето придобива **красив** оранжев цвят. Паркът е пуст, с изключение на няколко птички, които чуруликат по дърветата. Поемам си дълбоко **въздух** и се усмихвам. Докато се разхождам из парка, виждам падаща звезда, която се разстила по небето. Пожелавам си нещо за тази звезда и продължавам да вървя. Мисля си за работния си ден и за това колко **спокоен** беше той. Усмихвам се на себе си, мислейки си колко съм щастлива, че имам такава страхотна работа. Вървя към вкъщи, **усещайки** хладния нощен въздух по кожата си. Чувствам се толкова жива и щастлива, наслаждавайки се на простото ходене до вкъщи в една спокойна нощ.

Чувствах се толкова добре, че започнах да **си подсвирквам**. Минах покрай няколко души на улицата, но всички се занимаваха със собствените си работи.

Завих зад ъгъла на моята улица и видях котарака на съседите ми, господин Уискърс, да седи на верандата ми. Поздравих го, а той мяукаше в отговор. **Отключих** вратата и влязох вътре. Бях толкова щастлива, че съм си у дома. Събух си обувките и се приготвих за лягане. Тази нощ си легнах с чувство на щастие и благодарност, а сърцето ми беше пълно с любов. Спах спокойно през цялата нощ, без да се притеснявам за нищо.

couche et le ciel prend une **belle** couleur orange. Le parc est vide, à l'exception de quelques oiseaux qui gazouillent dans les arbres. Je prends une profonde **inspiration** et je souris. Alors que je marche dans le parc, je vois une étoile filante traverser le ciel. J'ai fait un vœu sur cette étoile et j'ai continué à marcher. Je pense à ma journée de travail et au **calme qui** y régnait. Je souris à moi-même, en pensant à la chance que j'ai d'avoir un si bon travail. Je rentre chez moi, en **sentant l'**air frais de la nuit sur ma peau. Je me sens si vivante et heureuse, profitant du simple fait de rentrer chez moi par une nuit paisible. Je me sentais si bien que j'ai commencé à **siffler**. Je suis passé devant quelques personnes dans la rue, mais elles s'occupaient toutes de leurs affaires.

J'ai tourné le coin de ma rue et j'ai vu le chat de mon voisin, M. Whiskers, assis sur mon porche. Je lui ai dit bonjour et il miaulait en retour. J'ai **déverrouillé** ma porte et je suis entrée. J'étais si heureuse d'être chez moi. J'ai enlevé mes chaussures et me suis préparée pour aller me coucher. Je me suis couchée ce soir-là, heureuse et reconnaissante, le cœur plein d'amour. J'ai dormi profondément toute la nuit, sans me soucier de rien.

# Въпроси за разбиране

1. Какво е правил главният герой, когато историята е започнала?

2. За какво си мисли героят, когато се прибира вкъщи?

3. Какво е правил главният герой с приятелите си след училище?

4. Какво липсва на героя от онези времена?

5. Какво мисли главният герой за настоящия си живот?

6. Какво прави главният герой, когато вижда падаща звезда?

7. Как се чувства главният герой, когато се прибира вкъщи?

8. Какво прави главният герой, когато се прибира у дома?

9. Как се чувства главният герой, когато се събужда на следващата сутрин?

10. Какво прави главният герой на следващия ден?

# Questions de compréhension

1. Que faisait le protagoniste au début de l'histoire ?

2. À quoi le protagoniste a-t-il pensé en rentrant chez lui
?

3. Qu'est-ce que le protagoniste avait l'habitude de faire avec ses amis après l'école ?

4. Qu'est-ce que le protagoniste regrette de cette époque ?

5. Que pense le protagoniste de sa vie actuelle ?

6. Que fait le protagoniste lorsqu'il voit une étoile filante
?

7. Que ressent le protagoniste lorsqu'il rentre à pied chez lui ?

8. Que fait le protagoniste lorsqu'il rentre chez lui ?

9. Que ressent le protagoniste lorsqu'il se réveille le lendemain matin ?

10. Que fait le protagoniste le lendemain ?

# Замъкът

Семейството винаги е искало да посети старинен замък в **Германия** и най-накрая предприема това пътуване. Те не бяха **разочаровани**. Замъкът беше красив и те с удоволствие разгледаха многобройните му стаи и коридори. Първото нещо, което ги порази, беше миризмата. Откриха **мухъл**, влага и още нещо, което не можаха да открият. Второто нещо беше звукът. Каменните стени са дебели, но не заглушават звука напълно. Чуваха всяка крачка, всяка дума, изречена с нормален глас, и от време на време капката вода **някъде в** далечината. Когато очите им се приспособиха към слабата светлина, видяха масивните каменни стени, които се извисяваха около тях, а гоблените висяха от тях на **разкъсани** парчета. Стояха в огромна зала с висок таван, поддържан от издълбани колони. Хареса им и гледката от кулите, а децата се забавляваха, тичайки из терена. **Слънцето** беше започнало да залязва, когато приключиха с разглеждането на замъка, и те съжалиха, че не са взели **фенерче**. Решиха да се върнат до входа, но скоро се изгубиха. Лутаха се наоколо с часове, докато накрая се натъкнаха на врата, която водеше навън. Продължиха, докато **стигнаха до** края на коридора и се озоваха пред внушителна двойна

# Le château

La famille avait toujours voulu visiter un vieux château en **Allemagne**, et elle a finalement fait le voyage. Ils n'ont pas été **déçus**. Le château était magnifique, et ils ont pris plaisir à explorer ses nombreuses pièces et couloirs. La première chose qui les frappe est l'odeur. Ils ont trouvé de la **moisissure**, de l'humidité et quelque chose d'autre qu'ils n'ont pas réussi à identifier. La deuxième chose a été le son. Les murs de pierre sont épais, mais ils n'étouffent pas complètement le son. Ils ont entendu chaque pas, chaque mot prononcé d'une voix normale, et le goutte-à-goutte occasionnel de l'eau **quelque part** au loin. Lorsque leurs yeux se sont adaptés à la faible lumière, ils ont vu des murs de pierre massifs se dresser tout autour d'eux, des tapisseries en **lambeaux y étant** suspendues. Ils se tenaient dans un immense hall avec un haut plafond soutenu par des piliers sculptés. Ils ont également aimé les vues depuis les tourelles, et les enfants ont eu beaucoup de plaisir à courir dans le parc. Le **soleil** avait commencé à se coucher lorsqu'ils ont fini d'explorer le château, et ils ont regretté de ne pas avoir apporté de **lampe de poche**. Ils ont décidé de retourner à l'entrée, mais ils se sont vite perdus. Ils errent pendant des heures, jusqu'à ce qu'ils trouvent enfin une porte qui mène à l'extérieur. Ils ont continué jusqu'à ce qu'ils **atteignent le** bout du

врата. Колкото и да се опитват, вратите не се отварят. Те дрънчат **зловещо,** но не помръдват и на сантиметър. Изглеждаше така, сякаш който и да е бил тук преди, трябва да е минал оттук и да ги е заключил отвътре. В крайна сметка намират изход. Обхвана ги облекчение, когато излязоха на хладния нощен въздух.

Слънцето беше започнало да залязва и те **съжалиха,** че не са взели фенерче. Решиха да се върнат до входа, но скоро се изгубиха. В продължение на часове се лутаха, докато най-накрая се натъкнаха на врата, която водеше **навън**. Излязоха с облекчение навън, нахлувайки в хладния нощен въздух. На следващата вечер те се увериха, че са взели фенерче със себе си, докато изследват останалата част от замъка. Минаха през **двора** и се спуснаха към реката, която течеше зад стените на **замъка.** Докато обикаляха, започнаха да чуват странни звуци. Сякаш някой ги следеше. Те ускориха крачка, но шумовете ставаха все по-силни и по-близки. Семейството побягнало обратно към замъка, колкото можело по-бързо, и с облекчение видяло, че фигурата в **тъмното** наметало не ги е последвала.

couloir et arrivent à une imposante série de doubles
portes. Ils ont beau essayer, les portes ne bougent pas.
Elles cliquettent **sinistrement** mais ne bougent pas
d'un pouce. On dirait que celui qui était ici avant a dû
passer par là et les verrouiller de l'intérieur. Finalement,
ils ont trouvé un moyen de sortir. Le soulagement les
envahit alors qu'ils sortent dans l'air frais de la nuit.

Le soleil avait commencé à se coucher, et ils
**regrettaient de ne pas avoir** apporté de lampe de
poche. Ils ont décidé de retourner à l'entrée, mais ils
se sont vite perdus. Ils ont erré pendant ce qui leur a
semblé être des heures, jusqu'à ce qu'ils trouvent enfin
une porte qui menait à **l'extérieur**. Le soulagement
les a envahis alors qu'ils sortaient dans l'air frais de la
nuit. Le lendemain soir, ils ont pris soin d'emporter une
lampe de poche pour explorer le reste du château. Ils
ont traversé la **cour** et sont descendus jusqu'à la rivière
qui coulait derrière les murs du **château**. Alors qu'ils se
promenaient, ils ont commencé à entendre des bruits
étranges. On aurait dit que quelqu'un les suivait. Ils
accélèrent le pas, mais les bruits deviennent plus forts
et plus proches. Les membres de la famille courent
vers le château aussi vite qu'ils le peuvent, et ils sont
soulagés de voir que la silhouette au manteau **sombre**
ne les a pas suivis.

# Въпроси за разбиране

1. Какво направи семейството, когато се изгуби в замъка?

2. Как се е почувствало семейството, когато е разбрало, че това е просто местен човек?

3. Какво е направил човекът, заради което е бил арестуван?

4. Каква е присъдата за този човек?

5. Какъв шум е чуло семейството, докато се е разхождало?

6. Къде е била фигурата в тъмното наметало, когато семейството я е видяло?

7. Какво направи семейството, когато се прибра в стаята си?

8. Кога семейството отново отиде да разгледа замъка?

9. Кое е онова нещо, което семейството не може да открие?

10. Какво направи семейството, преди да тръгне отново да разглежда замъка?

# Questions de compréhension

1. Qu'a fait la famille lorsqu'elle s'est perdue dans le château ?

2. Comment la famille s'est-elle sentie quand elle a découvert que c'était juste un homme du coin ?

3. Qu'a fait l'homme qui a été arrêté ?

4. Quelle a été la sentence pour cet homme ?

5. Quel bruit la famille a-t-elle entendu pendant qu'elle marchait ?

6. Où était le personnage au manteau sombre quand la famille l'a vu ?

7. Qu'a fait la famille en rentrant dans sa chambre ?

8. Quand la famille est-elle repartie explorer le château ?

9. Quelle était la chose sur laquelle la famille n'arrivait pas à mettre le doigt ?

10. Qu'a fait la famille avant de retourner explorer le château ?

# Моята градина

Градината ми е моето щастливо място. Излизам там всеки ден, независимо дали вали или грее, и прекарвам време в грижи за растенията си. Имам по малко от **всичко - зеленчуци,** плодове, цветя, билки. Имам дори няколко пилета, които ми помагат да държа настрана вредителите. Започвам дните си в градината, като събирам яйца от кокошките. След това проверявам зеленчуците си, за да се уверя, че получават достатъчно вода и слънце. Почиствам лехите от плевели и отстранявам всички буболечки, които могат да **нападнат** растенията. След като се погрижа за **всичко,** сядам и се наслаждавам на тишината и спокойствието на природата.

Винаги съм обичала да прекарвам време в градината си. Има нещо в това да си заобиколен от природата и цялата **красота, която** тя предлага. Намирам я за много спокойно и успокояващо място. Често прекарвам времето си в градината, като просто си почивам и се наслаждавам на пейзажа. Също така обичам да работя в градината си и да отглеждам различни неща. Имам доста голяма градина и обичам да отглеждам **различни** неща в нея. Отглеждам цветя, **зеленчуци** и билки. Имам и няколко плодни дръвчета, които раждат

# Mon jardin

Mon jardin est mon coin de paradis. J'y vais tous les jours, qu'il pleuve ou qu'il vente, et je passe du temps à m'occuper de mes plantes. J'ai un peu de **tout :** **légumes**, fruits, fleurs, herbes. J'ai même quelques poules qui m'aident à tenir les parasites à distance. Je commence mes journées dans le jardin en ramassant les œufs des poules. Puis je vérifie que mes légumes reçoivent suffisamment d'eau et de soleil. Je désherbe les plates-bandes et j'élimine les insectes qui pourraient **attaquer** les plantes. Une fois que **tout est** fait, je m'assois et je profite de la paix et du calme de la nature.

J'ai toujours aimé passer du temps dans mon jardin. Il y a quelque chose dans le fait d'être entouré par la nature et toute la **beauté qu'**elle a à offrir. Je trouve que c'est un endroit très paisible et apaisant. Je passe souvent du temps dans mon jardin à me détendre et à profiter du paysage. J'aime aussi travailler dans mon jardin et faire pousser des choses. J'ai un jardin d'assez bonne taille et j'aime y faire pousser toutes **sortes** de choses. Je fais pousser des fleurs, des **légumes** et des herbes aromatiques. J'ai aussi quelques arbres fruitiers qui produisent de délicieuses pommes, poires et prunes. En plus de faire pousser des choses, j'aime aussi passer du temps à me promener dans mon jardin,

вкусни ябълки, круши и сливи. Освен че отглеждам различни неща, обичам да прекарвам времето си в разходки из градината и да **се любувам на** различните растения и животни, които я обитават. През годините съм прекарал много часове в работа по превръщането на **градината** ми в място, което е не само красиво, но и функционално. Обичам да наблюдавам птиците и да слушам тяхното пеене. Понякога дори изваждам книга и чета в градината, докато съм заобиколена от цялата красота, която съм създала. **Градинарството** е моята страст и ми носи толкова много радост. Всеки ден в моята градина е хубав ден.

Едно от нещата, които обичам да правя, е да готвя, така че за мен е много **важно да** имам добре поддържана градина с билки. Мащерката, босилекът, риганът, розмаринът, градинският чай и лавандулата са само някои от билките, които обичам да отглеждам в градината си, за да мога да ги използвам, когато приготвям ястия за себе си или за **гости**. Друго нещо, което е важно за мен, когато става въпрос за моята градина, е да се уверя, че в нея има много цветове. За да постигна тази цел, отглеждам голямо разнообразие от цветя, включително **рози**, лилии, маргаритки, лалета, импатиенс, невен и др.

à **admirer** toutes les plantes et tous les animaux qui y vivent. J'ai passé de nombreuses heures au fil des ans à faire de mon **jardin** un endroit non seulement beau mais aussi fonctionnel. J'aime regarder les oiseaux voltiger et les écouter chanter. Parfois, je sors même un livre et je lis dans le jardin, entourée de toute la beauté que j'ai créée. Le **jardinage** est ma passion et il m'apporte tant de joie. Chaque jour dans mon jardin est un bon jour.

L'une des choses que j'aime faire, c'est cuisiner. Il est donc très **important pour moi d'**avoir un jardin d'herbes aromatiques bien garni. Le thym, le basilic, l'origan, le romarin, la sauge et la lavande sont quelques-unes des herbes que j'aime faire pousser dans mon jardin pour pouvoir les utiliser lorsque je prépare des repas pour moi ou pour mes **invités**. Une autre chose qui est importante pour moi quand il s'agit de mon jardin, c'est de m'assurer qu'il y a beaucoup de couleurs dans tout le jardin. Pour atteindre cet objectif, je cultive une grande variété de fleurs, notamment des **roses**, des lys, des marguerites, des tulipes, des impatiens, des soucis, etc.

# Въпроси за разбиране

1. Къде се намира градината на автора?

2. Колко кокошки има авторът?

3. Какво прави авторът в градината всеки ден?

4. Защо авторът харесва градината?

5. Какви билки засажда авторът в градината?

6. Защо за автора е важно, че в градината му има много цветове?

7. Как авторът разнообразява своята градина?

8. Как се чувства авторът, когато работи в градината си?

9. Какво кара автора да се чувства свързан, когато е в градината си?

10. защо всеки ден в градината на автора е добър ден?

# Questions de compréhension

1. Où se trouve le jardin de l'auteur ?

2. Combien de poulets l'auteur possède-t-il ?

3. Que fait l'auteur dans le jardin tous les jours ?

4. Pourquoi l'auteur aime-t-il le jardin ?

5. Quelles herbes l'auteur plante-t-il dans le jardin ?

6. Pourquoi est-il important pour l'auteur qu'il y ait beaucoup de couleurs dans son jardin ?

7. Comment l'auteur apporte-t-il de la variété à son jardin?

8. Que ressent l'auteur lorsqu'il travaille dans son jardin?

9. Qu'est-ce qui fait que l'auteur se sent connecté quand il est dans son jardin ?

10. Pourquoi chaque jour dans le jardin de l'auteur est-il un bon jour ?

# Пазаруване

Обичам да **пазарувам** в мола. Винаги е толкова забавно да се разхождаш и да разглеждаш различните магазини. В мола има за всекиго по нещо и винаги е чудесно място за намиране на изгодни оферти за дрехи, обувки и аксесоари. **Обикновено** започвам пазаруването си, като минавам през главния **вход на** търговския център. Оттам се насочвам първо към любимите си магазини. След като разгледам тези магазини, се разхождам наоколо и проверявам дали на други места има разпродажби. Обикновено прекарвам няколко часа в търговския център, преди най-накрая да направя покупките си. Винаги обичам да не бързам, когато пазарувам, **защото** искам да съм сигурна, че ще взема **точно** това, което искам. Освен това така е по-забавно!

Винаги намирам за **много интересно** да наблюдавам хората, докато съм в мола. По начина, по който пазаруват, наистина можеш да разбереш много за един човек. Някои хора са много методични и не бързат, докато други сякаш грабват **каквото** могат и се отправят към касата възможно най-бързо. Има и такива купувачи, които сякаш са по-заинтересовани да говорят по мобилните си

# Faire du shopping

J'adore aller **faire du shopping** au centre commercial. C'est toujours très amusant de se promener et de regarder tous les différents magasins. Il y en a pour tous les goûts au centre commercial et c'est toujours l'endroit idéal pour faire des affaires sur les vêtements, les chaussures et les accessoires. Je commence **généralement** mon shopping en passant par l'**entrée** principale du centre commercial. De là, je me dirige d'abord vers mes magasins préférés. Après avoir fait le tour de ces magasins, je me promène pour voir s'il y a des soldes dans d'autres endroits. Je finis généralement par passer quelques heures dans le centre commercial avant de faire mes achats. J'aime toujours prendre mon temps lorsque je fais du shopping, **car** je veux être sûre d'obtenir **exactement** ce que je veux. En plus, c'est plus amusant comme ça !

Je trouve toujours **fascinant** d'observer les gens quand je suis au centre commercial. On peut vraiment en apprendre beaucoup sur une personne par sa façon de faire ses courses. Certaines personnes sont très méthodiques et prennent leur temps, tandis que d'autres semblent prendre **tout ce qu'**elles peuvent et se diriger vers la caisse aussi vite que possible. Il y a aussi les acheteurs qui semblent plus intéressés

телефони или да пишат съобщения, отколкото да разглеждат стоките! Независимо от това какъв тип купувач сте, изглежда, че всеки обича да пазарува от витрината - дори и да не си купи нищо. Просто има нещо, което ме прави щастлива, когато гледам всички красиви неща по **витрините на** магазините. Понякога си фантазирам какво би било, ако можех да си позволя **всичко, което** виждам! Като цяло, да прекарам един ден в пазаруване в мола е едно от любимите ми занимания. Това е чудесен начин да се отпуснеш и да релаксираш, като същевременно правиш и малко упражнения (ако се разхождаш достатъчно). Освен това **винаги е** хубаво да се поглезиш с нова риза или чифт обувки от време на време!

Имах **дълъг работен** ден и най-накрая имах малко време за себе си, затова реших да отида да пазарувам в търговския център. Трябваха ми нови дрехи за **предстоящия** сезон. Още щом влязох, видях всички ярки светлини и лъскави витрини. Първо се насочих към любимия си магазин и започнах да разглеждам рафтовете. Намерих няколко сладки топа и ги пробвах в съблекалнята. Докато се оглеждах в огледалото, чух, че някой влиза в съседната съблекалня. Разпознах гласа му като на един от колегите ми.

à parler au téléphone portable ou à envoyer des SMS qu'à regarder la marchandise ! Quel que soit le type d'acheteur, tout le monde semble apprécier le lèche-vitrine, même si vous n'achetez rien. Il y a quelque chose qui me rend heureuse dans le fait de regarder toutes ces jolies choses dans les **vitrines des magasins**. Parfois, je m'imagine comment ce serait si je pouvais m'offrir **tout ce que** je vois ! En fin de compte, passer une journée à faire du shopping au centre commercial est l'un de mes passe-temps favoris. C'est un excellent moyen de se détendre et de se relaxer tout en faisant un peu d'exercice (si vous marchez suffisamment). Et puis, c'est **toujours** agréable de s'offrir une nouvelle chemise ou une nouvelle paire de chaussures de temps en temps !

J'ai eu une **longue** journée de travail et j'ai enfin eu du temps pour moi, alors j'ai décidé d'aller faire du shopping au centre commercial. J'avais besoin de nouveaux vêtements pour la saison **à venir**. Dès que je suis entrée, j'ai vu toutes les lumières vives et les façades brillantes des magasins. Je me suis dirigée vers mon magasin préféré en premier et j'ai commencé à parcourir les rayons. J'ai trouvé quelques jolis hauts et les ai essayés dans la cabine d'essayage. Alors que je me regardais dans le miroir, j'ai entendu quelqu'un entrer dans la cabine d'**essayage** à côté de la mienne. J'ai reconnu sa voix comme étant celle d'un de mes collègues de travail.

# Въпроси за разбиране

1. Къде най-много обичате да съхранявате?

2. Кой е любимият ви магазин в търговския център?

3. Колко време обикновено оставате в търговския център?

4. Какво мислите за хората, които прекарват много време в мола?

5. кое е любимото ви занимание в търговския център?

6. Случвало ли ви се е да си купите нещо в мола, когато не ви е било нужно?

7. Как реагирате, когато видите нещо в мола, което много бихте искали, но е твърде скъпо?

8. Случвало ли ви се е да видите нещо в търговския център и да се чудите кой би го купил?

9. Какво е мнението ви за хората, които са заети с мобилните си телефони в мола, вместо да разглеждат магазините?

# Questions de compréhension

1. Où aimez-vous le plus stocker ?

2. Quel est votre magasin préféré dans le centre commercial ?

3. Combien de temps restez-vous habituellement au centre commercial ?

4. Que pensez-vous des personnes qui passent beaucoup de temps au centre commercial ?

5. Quelle est votre activité préférée au centre commercial ?

6. Avez-vous déjà acheté quelque chose au centre commercial alors que vous n'en aviez pas vraiment besoin ?

7. Comment réagissez-vous lorsque vous voyez au centre commercial un article que vous aimeriez vraiment, mais qui est trop cher ?

8. Avez-vous déjà vu quelque chose au centre commercial en vous demandant qui l'achèterait ?

9. Que pensez-vous des personnes qui sont occupées avec leur téléphone portable dans les centres commerciaux au lieu de regarder les magasins ?

# На пазара

Събуждам се рано в събота сутрин, за да стигна до **пазара,** преди да е станало прекалено много хора. Обличам се и излизам от вратата, като по пътя взимам торбичките си за многократна употреба. Докато вървя, започвам да планирам какво искам да приготвя за следващата седмица. Знам, че искам да **запека** зеленчуци поне веднъж, така че ще трябва да купя някои качествени зеленчуци. Искам също така да направя супа или яхния, така че ще трябва да купя и малко месо. Ще трябва да видя какво изглежда добре, когато стигна там. Пазарът е само на няколко пресечки оттук и вече мога да видя разположените сергии и **хората, които** се суетят наоколо.

Пристигам на пазара и се насочвам направо към щанда за зеленчуци. Изборът е прекрасен и аз пълня торбите си с разнообразни **пресни** продукти. Разговарям малко с фермера и той ми препоръчва няколко рецепти. Вълнувам се да ги изпробвам. Разговарям с **фермерите,** докато пазарувам, за да се запозная с тях и техните продукти. След като се сдобивам с всички необходими зеленчуци, преминавам към раздела с месо. Тук съм малко по-колеблива, тъй като не съм сигурна какво искам да взема. В крайна сметка се спирам на пилешкото,

# Au marché

Je me réveille tôt le samedi matin, impatiente de me rendre au **marché** avant qu'il ne soit trop fréquenté. Je m'habille et je sors, en prenant mes sacs réutilisables en chemin. En marchant, je commence à planifier ce que je veux faire pour la semaine à venir. Je sais que je veux faire **rôtir des** légumes au moins une fois, donc je vais devoir acheter des légumes de bonne qualité. Je veux aussi faire une soupe ou un ragoût, et je vais donc devoir acheter de la viande. Je verrai bien ce qui me semble bon quand je serai sur place. Le marché n'est qu'à quelques rues d'ici, et je vois déjà les étals installés et les **gens qui** s'agitent.

J'arrive au marché et me dirige directement vers le stand des légumes. La sélection est magnifique, et je remplis mes sacs d'une variété de produits **frais**. Je discute un peu avec le fermier et il me recommande quelques recettes. J'ai hâte de les essayer. Je discute avec les **agriculteurs** pendant que je fais mes courses, pour apprendre à les connaître et à connaître leurs produits. Après avoir acheté tous les légumes dont j'ai besoin, je passe à la section des viandes. Je suis un peu plus hésitante, car je ne suis pas sûre de ce que je veux acheter. J'opte finalement pour du poulet, car il est polyvalent et peut être utilisé dans de nombreux plats. J'achète également quelques morceaux de

защото то е универсално и може да се използва в различни ястия. Купувам също така няколко различни разфасовки месо, като се уверявам, че имам говеждо месо, хранено с трева, и **пилешко месо,** отглеждано на свободни места. Месарят беше приятелски настроен човек, винаги весел въпреки дългите часове работа. Той опакова пилешките ми гърди и пържолата, преди да ми разкаже за плановете си за уикенда. Сбогувах се с него и продължих по пътя си. Взех и няколко яйца и сирене от раздела за млечни продукти.

Пазарът гъмжеше от хора, които нямаха търпение да се сдобият с предлаганите пресни продукти и месо. Въздухът беше наситен с миризма на чесън и лук, а в него се чуваха смехове и разговори. Проправих си път през тълпата, избирайки останалите продукти, които ми трябваха за седмичното пазаруване. Напълних **кошницата** си с плодове и зеленчуци, макаронени изделия и хляб, преди да се отправя към касата. Опашката беше дълга, но се движеше бързо. Най-накрая последните **хранителни продукти** бяха купени и беше време да се прибера у дома. Колата беше натоварена, а пътуването до дома беше дълго и уморително. Трафикът беше натоварен, а жегата - потискаща. Накрая колата спря на алеята и облекчението беше осезаемо. В къщата беше хладно и тихо и това беше убежище след **суетата** на пазара.

viande différents, en veillant à prendre du bœuf nourri à l'herbe et du **poulet** élevé en plein air. Le boucher est un homme sympathique, toujours de bonne humeur malgré ses longues heures de travail. Il a emballé mes blancs de poulet et mon steak avant de me parler de ses projets pour le week-end. Je lui ai dit au revoir et j'ai continué mon chemin. J'ai également acheté des œufs et du fromage au rayon produits laitiers.

Le marché grouille de gens, tous impatients de mettre la **main sur les** produits frais et la viande proposés. L'odeur de l'ail et des oignons flottait dans l'air, et le son des rires et des conversations était omniprésent. Je me suis frayé un chemin dans la foule, en choisissant les autres articles dont j'avais besoin pour mes courses de la semaine. J'ai rempli mon **panier** de fruits et légumes, de pâtes et de pain, avant de me diriger vers la caisse. La file d'attente est longue, mais elle avance rapidement. Enfin, j'ai acheté les dernières **provisions et il est** temps de rentrer à la maison. La voiture est chargée, et le chemin du retour est long et fastidieux. La circulation est dense et la chaleur est accablante. Enfin, la voiture se gare dans l'allée et le soulagement est palpable. La maison était fraîche et calme, et c'était un havre de paix après l'**agitation** du marché.

# Въпроси за разбиране

1. Къде отива човекът?

2. Какво иска да купи човекът?

3. Колко чанти има човекът?

4. На какво разстояние се намира пазарът?

5. Какво прави човекът в момента?

6. Какво е всичко на пазара?

7. Колко души има на пазара?

8. Колко време е отнело на човека да купи всичко?

9. Как човекът се е прибрал у дома?

10. Какво направи човекът, когато се прибра у дома?

# Questions de compréhension

1. Où va la personne ?

2. Que veut acheter la personne ?

3. Combien de sacs la personne possède-t-elle ?

4. A quelle distance se trouve le marché ?

5. Que fait la personne en ce moment ?

6. Que se passe-t-il sur le marché ?

7. Combien y a-t-il de personnes sur le marché ?

8. Combien de temps a-t-il fallu à la personne pour tout acheter ?

9. Comment la personne est-elle rentrée chez elle ?

10. Qu'a fait la personne en rentrant chez elle ?

# В кафене

Беше хладна **есенна** сутрин и се бях уговорила да се срещна с моята приятелка Лили в любимото ни кафене на по кафе. Увих се топло в палтото и шала си и тръгнах. Листата падаха от дърветата и въздухът беше напечен, но слънцето грееше и обещаваше да бъде прекрасен ден. Докато вървях, **си мислех** колко е хубаво да имаш приятелка като Лили. Бяхме приятелки от години, откакто се запознахме в **университета**. Свързваше ни любовта към кафето и прекарването на времето в разговори в кафенетата. Въпреки че сега живеехме в различни части на града, все още успявахме да се срещаме на кафе веднъж седмично. Пристигнах в кафенето, а Лили вече беше там и ме чакаше. Прегърнахме се за поздрав и си поръчахме кафета. Намерихме маса до прозореца и се настанихме да си говорим. **Кафето** беше вкусно, както винаги, и беше толкова приятно да си поприказваме с Лили. Говорихме за седмицата, за работата си и за плановете ни за бъдещето. Винаги ми беше толкова лесно да говоря с Лили и имах чувството, че мога да ѝ кажа всичко. След известно време започнахме да огладняваме и **решихме** да си поръчаме храна.

**Поръчахме** си храна и си намерихме място до

# Dans un café

C'était un matin d'**automne** frisquet, et j'avais donné rendez-vous à mon amie Lily dans notre café préféré pour prendre un café. Je me suis enveloppée chaudement dans mon manteau et mon écharpe et je suis partie. Les feuilles tombaient des arbres et l'air était glacial, mais le soleil brillait et la journée promettait d'être magnifique. Tout en marchant, j'ai **pensé** à quel point c'était bien d'avoir une amie comme Lily. Nous étions amies depuis des années, depuis notre rencontre à l'**université**. Nous nous sommes liées par notre amour du café et du temps passé à discuter dans les cafés. Même si nous vivions dans des quartiers différents de la ville, nous nous retrouvions pour prendre un café une fois par semaine. Je suis arrivé au café, et Lily était déjà là, à m'attendre. Nous nous sommes embrassées et avons commandé nos cafés. Nous avons trouvé une table près de la fenêtre et nous nous sommes installées pour discuter. Le **café** était délicieux, comme toujours, et c'était si agréable de rattraper le temps perdu avec Lily. Nous avons parlé de notre semaine, de nos emplois et de nos projets pour l'avenir. C'était toujours si facile de parler à Lily, et j'avais l'impression que je pouvais tout lui dire. Après un moment, nous avons commencé à avoir faim et **avons décidé** de commander de la nourriture.

прозореца. Слънцето грееше през прозореца и караше всичко да се чувства топло и щастливо. Разговаряхме, докато ядяхме, наслаждавайки се на простото удоволствие да сме в **компанията си**. Кафенето беше оживено, но не се чувстваше претъпкано. Във въздуха се усещаше спокойствие и задоволство. Когато приключихме с храната, седяхме още известно време и се наслаждавахме на спокойната **атмосфера**. Известно време разговаряхме за различни неща, които се случваха в живота ни. Беше толкова приятно да наваксам с приятелката си и просто да **се отпусна**. Слънцето грееше през прозореца и имах чувството, че **нищо не може** да развали перфектния ни ден.

Изведнъж чух силен трясък. Обърнах се и видях, че един човек е паднал през тавана и лежи на пода пред нас. Беше **покрит с** прах и отломки и изглеждаше в безсъзнание. И двамата с приятеля ми бяхме в шок, докато гледахме мъжа, лежащ на пода. Не знаехме какво да правим и на кого да се обадим за помощ. Просто седяхме там и го гледахме, без да знаем какво да правим. След няколко минути се съвзех и се обадих на 911. Операторът ми каза, че скоро някой ще дойде. Свърших телефона и казах на приятеля си какво е казал **операторът.**

Nous avons **commandé notre** nourriture et trouvé un siège près de la fenêtre. Le soleil brillait à travers la fenêtre, rendant le tout chaleureux et joyeux. Nous avons bavardé en mangeant, appréciant le simple plaisir d'être en **compagnie de l'autre**. Le café était occupé, mais il n'y avait pas de foule. Il y avait un sentiment de paix et de satisfaction dans l'air. Après avoir terminé notre repas, nous sommes restés assis un moment de plus, profitant de l'**atmosphère** paisible. Nous avons parlé pendant un moment de différentes choses qui avaient eu lieu dans nos vies. C'était si agréable de rattraper le temps perdu avec mon ami et de **se détendre**. Le soleil brillait à travers la fenêtre, et c'était comme si **rien ne** pouvait gâcher notre journée parfaite.

Soudain, j'ai entendu un grand fracas. Je me suis retourné pour voir qu'un homme avait traversé le plafond et gisait sur le sol devant nous. Il était **couvert** de poussière et de débris et semblait être inconscient. Mon ami et moi étions tous deux sous le choc en regardant l'homme allongé sur le sol. Nous ne savions pas quoi faire ni qui appeler à l'aide. Nous sommes restés assis là, à le regarder, sans savoir quoi faire. Après quelques minutes, je me suis ressaisie et j'ai appelé le 911. L'opérateur m'a dit que quelqu'un arriverait bientôt. J'ai raccroché le téléphone et j'ai raconté à mon ami ce que l'**opérateur avait** dit.

# Въпроси за разбиране

1. Откъде идва човекът, който пада през покрива?

2. Защо жената е с приятелката си в кафенето?

3. Кое е любимото кафене на двамата приятели?

4. Откога се познават двамата приятели?

5. Коя е любимата напитка на двамата приятели?

6. В кой град живеят двамата приятели?

7. Колко често се срещат двамата приятели?

8. За какво си говорят двамата приятели, когато се срещат за първи път в любимото си кафене?

9. Коя е любимата храна на двамата приятели?

10. Защо е толкова лесно да се говори с Лили?

# Questions de compréhension

1. D'où vient l'homme qui tombe à travers le toit ?

2. Pourquoi la femme est-elle avec son ami dans le café ?

3. Quel est le café préféré des deux amis ?

4. Depuis combien de temps les deux amis se connaissent-ils ?

5. Quelle est la boisson préférée des deux amis ?

6. Dans quelle ville vivent les deux amis ?

7. Combien de fois les deux amis se rencontrent-ils ?

8. De quoi parlent les deux amis lorsqu'ils se rencontrent pour la première fois dans leur café préféré ?

9. Quel est le plat préféré des deux amis ?

10. Pourquoi c'est si facile de parler à Lily ?

# Плуване

Басейнът винаги е бил **освежаващо** място и днес не беше по-различно. Слънцето грееше и водата изглеждаше привлекателна. Поех си дълбоко въздух и се гмурнах, усещайки хладната прегръдка на водата. Известно време плувах в кръг, наслаждавайки се на упражненията и възможността да прочистя главата си. След известно време излязох и се подсуших, после седнах на една кърпа, за да се отпусна на слънце. Затворих очи и оставих **топлината** да ме облее, усещайки как мускулите ми започват да се отпускат. Изведнъж чух плясък и отворих очи, за да видя малката ми сестра **да гребе в** плитката част. Усмихнах се и я гледах известно време, после станах и отидох при нея. Поговорихме си малко и гребахме заедно, наслаждавайки се на компанията си. Скоро към нас се присъединиха и родителите ни и прекарахме остатъка от следобеда в плуване и игри заедно. Винаги е било толкова приятно да прекараш време със семейството си на басейна. Има **нещо** във водата, което сякаш сплотява хората. Може би защото всички сме равни, когато сме във водата - не можем да крием недостатъците си или да се преструваме на нещо, което не сме. А може би е просто защото е забавно! **Каквато и да е** причината, аз просто се радвах, че

# Aller nager

La piscine était toujours un endroit **rafraîchissant**, et aujourd'hui n'était pas différent. Le soleil brillait et l'eau semblait invitante. J'ai pris une profonde inspiration et j'ai plongé, sentant l'étreinte fraîche de l'eau. J'ai fait des longueurs pendant un moment, appréciant l'exercice et la possibilité de me vider la tête. Au bout d'un moment, je suis sorti et me suis séché, puis je me suis assis sur une serviette pour me détendre au soleil. J'ai fermé les yeux et laissé la **chaleur** m'envahir, sentant mes muscles se détendre. Soudain, j'ai entendu une éclaboussure et j'ai ouvert les yeux pour voir ma petite sœur **pagayer dans la** partie peu profonde. J'ai souri et je l'ai regardée pendant un moment, puis je me suis levée et je suis allée vers elle. Nous avons bavardé un peu et pataugé ensemble, appréciant la compagnie de l'autre. Nos parents nous ont bientôt rejoints et nous avons passé le reste de l'après-midi à nager et à jouer ensemble. C'était toujours très agréable de passer du temps avec la famille à la piscine. Il y a **quelque chose** dans le fait d'être dans l'eau qui semble rassembler les gens. Peut-être est-ce parce que nous sommes tous égaux lorsque nous sommes dans l'eau - nous ne pouvons pas cacher nos défauts ou prétendre être ce que nous ne sommes pas. Ou peut-être est-ce simplement parce que c'est amusant ! **Quelle que soit la** raison, j'étais simplement heureuse que nous

всички можем да се съберем и да се насладим на компанията си на такова специално място.

Слънцето напичаше кожата ми, а във въздуха се носеше миризма на хлор. Чувах звуците на деца, които се смееха и се плискаха в басейна. Лежах на шезлонг до басейна, попивах слънчевите лъчи и **се наслаждавах на** деня. Бях затворила очи и тъкмо се канех да се унеса в сън, когато чух, че някой върви към мен. Отворих очи и видях една жена, която стоеше до мен. Беше облечена в бикини и с хавлиена кърпа, увита около талията й. Имаше дълга руса коса и сини очи. В ръката си държеше шишенце със **слънцезащитен крем.** "Имаш ли нещо против да намажа гърба ти със слънцезащитен крем?" - попита тя. "Не, няма проблем", казах аз и седнах, за да може тя да достигне гърба ми. Усетих ръцете й върху кожата си, докато нанасяше слънцезащитния крем.

puissions tous nous réunir et profiter de la compagnie des autres dans un endroit aussi spécial.

Le soleil tapait sur ma peau et l'odeur du chlore flottait dans l'air. J'entendais le bruit des enfants qui riaient et barbotaient dans la piscine. J'étais allongée sur une chaise **longue près de la** piscine, profitant du soleil et **de la** journée. J'avais les yeux fermés et j'étais sur le point de m'endormir lorsque j'ai entendu quelqu'un s'approcher de moi. J'ai ouvert les yeux et j'ai vu une femme debout à côté de moi. Elle portait un bikini et avait une serviette enroulée autour de sa taille. Elle avait de longs cheveux blonds et des yeux bleus. Elle tenait une bouteille de **crème solaire** dans sa main. "Ça te dérange si je mets de la crème solaire sur ton dos ?" a-t-elle demandé. "Non, ça va", ai-je répondu, en me redressant pour qu'elle puisse atteindre mon dos. J'al senti ses mains sur ma peau alors qu'elle appliquait la crème solaire.

# Въпроси за разбиране

1. Къде е бил разказвачът, когато започва разказа?

2. Какво усеща разказвачът, когато отваря очи?

3. Какво чува разказвачът, когато отваря очи?

4. Чий слънцезащитен крем дава жената на разказвача?

5. За какво мечтае разказвачът?

6. Защо плуването в морето е толкова специално за разказвача?

7.Какво е усещането за водата, в която плува разказвачът?

8. Какво вижда разказвачът, когато излиза от водата?

9. Какво прави жената, след като слага слънцезащитния крем на разказвача?

10. За какво си говорят разказвачът и жената в края на разказа?

# Questions de compréhension

1. Où se trouvait le narrateur lorsqu'il a commencé l'histoire ?

2. Que sent le narrateur lorsqu'il ouvre les yeux ?

3. Qu'entend le narrateur lorsqu'il ouvre les yeux ?

4. A qui la femme donne-t-elle de la crème solaire au narrateur ?

5. De quoi le narrateur rêve-t-il ?

6. Pourquoi la baignade dans la mer est-elle si spéciale pour le narrateur ?

7. quelle est la sensation de l'eau dans laquelle nage le narrateur ?

8. Que voit le narrateur quand il sort de l'eau ?

9. Que fait la femme après avoir mis la crème solaire sur le narrateur ?

10. De quoi le narrateur et la femme parlent-ils à la fin de l'histoire ?

# Косене на тревата

Лятна **събота е** в 10 часа сутринта и слънцето вече пече безмилостно. Тръгвате към гаража, за да вземете косачката, и се чувствате като **осъдени на** тежък труд. Започвате да косите тревата, като внимавате да вървите бавно и спокойно, за да не пропуснете някое място. Докато косите, си мислите колко хубаво е да си навън, на чист въздух. Когато започвате да бутате косачката напред-назад по тревата, виждате с ъгъла на **окото си** съседа си. Махате му и го поздравявате, а той ви отвръща с махане.

След няколко минути приключвате и отивате при съседа си, за да изпиете по бира в градината пред дома му. Денят е **идеален -** не е прекалено горещо, духа лек ветрец. Седите на сянката на дървото, отпивате от бирата и разговаряте със съседа си. Дни като този ви карат да цените лятото. След това **се отправяте към** вътрешността за заслужена бира. Облягате се на един стол на верандата и отваряте кутията, като въздишате доволно. Звукът на косачката остава на заден план, докато вие се отпускате на сянка и се наслаждавате на **спокойствието на** момента. Бирата е изключително вкусна след цялата тази тежка работа в жегата.

# Tonte de la pelouse

Il est 10 heures du matin, un **samedi d'**été, et le soleil tape déjà sans pitié. Vous vous frayez un chemin jusqu'au garage pour aller chercher la tondeuse à gazon, avec l'impression d'être **condamné** aux travaux forcés. Vous commencez à tondre la pelouse, en veillant à aller doucement pour ne pas manquer d'endroits. Pendant que vous tondez, vous pensez à tout le bien que cela fait d'être dehors à l'air frais. Alors que vous commencez à pousser la tondeuse d'avant en arrière sur la pelouse, vous apercevez votre voisin du coin de l'**œil**. Vous lui faites signe et lui dites bonjour, et il vous répond.

Après quelques minutes, vous avez terminé, et vous vous rendez chez votre voisin pour prendre une bière avec lui dans le jardin de devant. C'est une journée **parfaite**, il ne fait pas trop chaud et une légère brise souffle. Vous êtes assis à l'ombre de l'arbre, sirotant votre bière et discutant avec votre voisin. Ce sont des jours comme celui-ci qui vous font apprécier l'été. Puis vous rentrez à l'intérieur pour prendre une bière bien méritée. Vous vous installez sur une chaise sous le porche et ouvrez la canette, en poussant un soupir de satisfaction. Le bruit de la tondeuse s'estompe et vous vous détendez à l'ombre, profitant de la **tranquillité**

Тъкмо се канех да вляза вътре, когато чух шум в съседната стая.

**Сякаш** някой плачеше. Спрях да кося и отидох до оградата, която разделяше дворовете ни. Надникнах и видях съседката ми, госпожа Джонсън, да плаче на люлката си на верандата. Извиках й, но тя не ме чу. Прескочих оградата и отидох при нея. "Госпожо Джонсън, добре ли сте?" Попитах. Тя ме погледна със сълзи в очите и поклати глава. "Не, не съм добре", каза тя. "Котката ми умря вчера." Бях шокирана. Не знаех какво да кажа. Просто стоях неловко, без да знам какво да правя. Накрая сложих ръка на **рамото** й и казах: "Много съжалявам, госпожо Джонсън. Ако мога да направя нещо, за да помогна, моля, кажете ми. " Тя поклати глава и каза: "Не, никой **нищо не може** да направи." След това стана и влезе в къщата си. Постоях там за момент, без да знам какво да правя. След това се върнах към косенето на тревата си. Докато приключвах, не можех да не си помисля за госпожа Джонсън и нейната котка.

**du** moment. La bière a un goût extra bon après tout ce dur travail dans la chaleur. J'étais sur le point de rentrer quand j'ai entendu un bruit à côté.

**On aurait dit que** quelqu'un pleurait. J'ai arrêté de tondre et j'ai marché jusqu'à la clôture qui séparait nos jardins. J'ai jeté un coup d'œil par-dessus et j'ai vu ma voisine, Mme Johnson, pleurer sur sa balançoire sous le porche. Je l'ai appelée, mais elle ne m'a pas entendue. J'ai escaladé la clôture et j'ai marché jusqu'à elle. "Mme Johnson, vous allez bien ?" J'ai demandé. Elle a levé les yeux vers moi, les larmes aux yeux, et a secoué la tête. "Non, je ne vais pas bien", a-t-elle dit. "Mon chat est mort hier." J'étais choquée. Je n'ai pas su quoi dire. Je suis restée là, maladroitement, sans savoir quoi faire. Finalement, j'ai posé ma main sur son **épaule** et j'ai dit : "Je suis vraiment désolée, Mme Johnson. Si je peux faire quelque chose pour vous aider, faites-le moi savoir". "Elle a secoué la tête et a dit : "Non, il **n'y a rien que** personne ne puisse faire". Puis elle s'est levée et est entrée dans sa maison. Je suis resté là un moment, ne sachant pas quoi faire. Puis je suis retourné tondre ma pelouse. En terminant, je n'ai pu m'empêcher de penser à Mme Johnson et à son chat.

# Въпроси за разбиране

1. Колко е часът?

2. Къде коси човекът?

3. Как се чувства човекът?

4. Защо човекът трябва да коси бавно?

5. Какво е времето?

6. Какво прави човекът след косенето?

7. Какво чува човекът, преди да се прибере у дома?

8. Кой е с г-жа Джонсън?

9. Защо г-жа Джонсън плаче?

10. какво казва лицето на г-жа Джонсън?

# Questions de compréhension

1. Quelle heure est-il ?

2. Où se trouve la personne qui tond ?

3. Comment la personne se sent-elle ?

4. Pourquoi la personne doit-elle tondre lentement ?

5. Quel est le temps qu'il fait ?

6. Que fait la personne après avoir fauché ?

7. Qu'entend la personne avant de rentrer chez elle ?

8. Qui est avec Mme Johnson ?

9. Pourquoi Mme Johnson pleure-t-elle ?

10. Que dit la personne à Mme Johnson ?

# Подстригване

От седмици се канех да се подстрижа, но някак си все отлагах. Но тъй като **Коледа беше съвсем близо**, знаех, че не мога да отлагам повече. Не исках да се появявам на коледната вечеря на семейството си, изглеждайки като разхвърлян. Затова рано сутринта на Коледа се отправих към салона. Въпреки че беше рано, салонът вече беше зает с други хора, които си правеха прически за празника. Заех мястото си на опашката и зачаках реда си. Накрая дойде моят ред на стола. Стилистката, дружелюбна жена на име Джил, ме попита какво искам. "Само подстригване, нищо драстично", отговорих. Джил се зае с работата си, като подстригваше косата ми. Докато работеше, аз започнах да се отпускам. Чувствах се добре, че най-накрая се грижа за себе си. Напоследък бях толкова заета да се грижа за всички останали, че бях оставила собствените си нужди на заден план. Но **вече** не е така. Отсега нататък щях да отделям време за себе си.

Когато Джил приключи, се погледнах в огледалото и останах доволна от видяното. Косата ми изглеждаше спретната и полирана - идеална за

# Se faire couper les cheveux

Cela faisait des semaines que je voulais me faire couper les cheveux, mais j'arrivais toujours à remettre ça à plus tard. Mais à l'approche de **Noël, je** savais que je ne pouvais plus attendre. Je ne voulais pas me présenter au dîner de Noël de ma famille avec une coiffure débraillée. Alors, tôt le matin de Noël, je me suis rendue au salon. Même s'il était tôt, le salon était déjà occupé par d'autres personnes qui **se faisaient** coiffer pour les fêtes. J'ai pris ma place dans la file d'attente et j'ai attendu mon tour. Enfin, c'était mon tour sur la chaise. La styliste, une femme sympathique nommée Jill, m'a demandé ce que je voulais. "Juste une coupe, rien de trop radical", ai-je répondu. Jill s'est mise au travail, coupant mes cheveux. Pendant qu'elle travaillait, j'ai commencé à me détendre. C'était bon de prendre enfin soin de moi. J'avais été tellement occupé ces derniers temps, à courir partout pour m'occuper de tout le monde, que j'avais laissé mes propres besoins de côté. Mais plus **maintenant**. A partir de maintenant, j'allais prendre du temps pour moi.

Lorsque Jill a terminé, je me suis regardée dans le miroir et j'étais ravie de ce que je voyais. Mes cheveux étaient soignés et polis, parfaits pour les fêtes de fin d'année. J'ai **remercié** Jill et j'ai noté **mentalement** de

празнични събирания. **Благодарих на** Джил и **си записах** да се връщам по-често. Отсега нататък ще се грижа преди всичко за себе си. Тя се зае с подстригването на косата ми. Помислих си колко съм благодарна, че най-накрая се заех да се подстрижа. Чувствах се добре да знам, че ще изглеждам прилично за коледната **вечеря**. Вече нямаше да се притеснявам, че семейството ми ще ми се подиграва за "мършавия" ми външен вид. След няколко минути фризьорката приключи с подстригването и ме изсуши набързо. Погледнах се в огледалото и останах доволна от видяното - изчистена прическа, която щеше да е идеална за коледната вечеря. Сега, когато подстригването ми беше приключило, можех да се съсредоточа върху това да се насладя на празника със семейството си. И бях още по-благодарна за това.

Чувствах се толкова **освободена** и ми хареса как изглеждаше новата ми прическа. След като платих за подстригването, се прибрах вкъщи и започнах да събирам багажа за пътуването си. **Нямах** търпение да покажа новата си визия на семейството и приятелите си. Знаех, че ще се изненадат, когато ме видят. В деня на полета пристигнах на летището с достатъчно свободно време. Преминах през проверката за сигурност без никакви проблеми и скоро бях на път.

revenir plus souvent. À partir de maintenant, je prendrai soin de moi d'abord et avant tout. Elle s'est mise au travail en coupant mes cheveux. J'ai pensé à combien j'étais reconnaissante d'avoir enfin pris le temps de me faire couper les cheveux. Je me sentais bien de savoir que j'allais être présentable pour le **repas de** Noël. Je n'aurais plus à m'inquiéter des taquineries de ma famille sur mon apparence "débraillée". Après quelques minutes, le coiffeur a fini de me couper les cheveux et m'a fait un rapide brushing. Je me suis regardé dans le miroir et j'étais heureux de ce que je voyais - un look propre qui serait parfait pour le dîner de Noël. Maintenant que ma coupe de cheveux était terminée, je pouvais me concentrer sur les vacances avec ma famille. Et j'en étais encore plus reconnaissante.

Je me suis sentie tellement **libérée** et j'ai adoré le look de ma nouvelle coupe de cheveux. Après avoir payé ma coupe, je suis rentrée chez moi et j'ai commencé à faire mes bagages pour mon voyage. J'**avais hâte** de montrer mon nouveau look à ma famille et à mes amis. Je savais qu'ils seraient surpris en me voyant. Le jour de mon vol, je suis arrivée à l'aéroport avec beaucoup de temps devant moi. J'ai passé le contrôle de sécurité sans problème et j'ai rapidement pris la route.

# Въпроси за разбиране

1. Какво трябва да направи главният герой преди Коледа?


2. Как се е чувствала героинята, когато се е грижила за себе си?


3. Кой подстригва косата на главния герой?


4. Защо семейството на главната героиня щеше да й се подиграва?


5. Как се чувства главната героиня, след като се подстригва?


6. Какво прави главната героиня, след като се подстригва?


7. Каква е реакцията на семейството на главната героиня на нейното подстригване?


8. Какво прави главният герой на Бъдни вечер?


9. Кое е направило преживяването на героя по-специално?


10. Какво би се случило, ако главният герой не се подстриже?

# Questions de compréhension

1. Que devait faire le protagoniste avant Noël ?

2. Que pense la protagoniste du fait de prendre soin d'elle ?

3. Qui a taillé les cheveux du protagoniste ?

4. Pourquoi la famille de la protagoniste allait-elle se moquer d'elle ?

5. Qu'a ressenti la protagoniste après s'être fait couper les cheveux ?

6. Qu'a fait la protagoniste après s'être fait couper les cheveux ?

7. Quelle a été la réaction de la famille de la protagoniste à sa coupe de cheveux ?

8. Qu'a fait le protagoniste la veille de Noël ?

9. Qu'est-ce qui a rendu l'expérience du protagoniste plus spéciale ?

10. Que se passerait-il si le protagoniste ne se faisait pas couper les cheveux ?

# Паркът

Слънцето залязваше, а паркът беше пуст. Седях на пейката и чаках **приятеля** си. Бяхме планирали да се срещнем тук преди час, но тя винаги закъсняваше. Точно когато бях на път да се откажа и да се прибера вкъщи, я видях да тича към мен. "Толкова съжалявам", изпъшка тя, когато стигна до пейката. "Влакът ми **закъсня.**"
"Всичко е наред", казах **прощално**. "Току-що пристигнах тук."
Седнахме и си поговорихме известно време, като се запознахме с живота си от последната ни среща. Разговорът вървеше с **лекота и сякаш** изобщо не беше минало време от последната ни среща. Със залеза на слънцето се сбогувахме и поехме по различни пътища. Следващият път, когато се срещнахме, беше в друг парк. Тя отново закъсня, но аз нямах нищо против. Беше хубаво да имам човек, с когото да говоря и който ме **разбира.** Говорихме за мечтите и **стремежите** си, за нещата, които искахме да направим в живота си. Тя ми разказа за плановете си да пътува по света, а аз споделих мечтата си да стана писател. Когато слънцето залязваше в поредния ден, ние отново си казахме довиждане, като си обещахме този път да поддържаме връзка.

# Le parc

Le soleil se couchait, et le parc était vide. Je me suis assise sur un banc, attendant mon **amie**. Nous avions prévu de nous retrouver ici il y a une heure, mais elle était toujours en retard. Au moment où j'allais abandonner et rentrer chez moi, je l'ai vue courir vers moi. "Je suis vraiment désolée", a-t-elle haleté en atteignant le banc. "Mon train a été **retardé**." "C'est bon", ai-je dit **avec indulgence**. "Je viens juste d'arriver." Nous nous sommes assis et avons bavardé pendant un certain temps, prenant des nouvelles de la vie de chacun depuis notre dernière rencontre. La conversation était fluide **et nous avions** l'impression que le temps n'avait pas passé depuis notre dernière rencontre. Au coucher du soleil, nous nous sommes dit au revoir et avons pris des chemins différents. La fois suivante, c'était dans un autre parc. Encore une fois, elle était en retard, mais ça ne m'a pas dérangé. C'était agréable d'avoir quelqu'un à qui parler et qui me **comprenait**. Nous avons parlé de nos rêves et de nos **aspirations**, des choses que nous voulions faire de nos vies. Elle m'a parlé de son projet de voyager dans le monde entier, et j'ai partagé mon rêve de devenir écrivain. Alors que le soleil se couchait sur un autre jour, nous nous sommes dit au revoir une fois de plus, en promettant de rester en contact cette fois-ci.

Годините минаваха, а **приятелството** ни оставаше силно, въпреки че сега живеехме в различни части на страната. Поддържахме връзка чрез писма и случайни телефонни обаждания, като си разказвахме новини от живота си. Когато тя обяви, че ще се омъжва, не се **изненадах -** тя винаги е била **авантюристичен** тип. Но когато ме попита дали ще бъда нейна шаферка на сватбената й церемония, която се провежда на половината свят от мястото, където живеех... това изискваше известно убеждаване! В крайна сметка обаче не можех да позволя на най-добрата си приятелка да се омъжи, без да съм до нея, така че въпреки страховете си (и след дълги молби от нейна страна!) **се съгласих** да участвам в това, което се оказа **приключението на** живота ми.

Денят на **сватбата** най-накрая настъпи. Бях нервна, но и развълнувана, че ще бъда част от такъв важен момент в живота на моя приятел. Церемонията беше красива и тя изглеждаше щастлива, докато казваше клетвите си. **След това** отпразнувахме с голямо парти - изглеждаше, че всички, които познаваше, бяха дошли да празнуват с нея! Беше **вълшебен** ден, който никога няма да забравя, а приятелството ни само се засили след това приключение. Сега, години по-късно, продължаваме да поддържаме връзка.

Les années ont passé, et notre **amitié** est restée
forte, même si nous vivions désormais dans des
régions différentes du pays. Nous sommes restés en
contact par des lettres et des appels téléphoniques
occasionnels, partageant les nouvelles de nos vies
respectives. Lorsqu'elle a annoncé qu'elle allait se
marier, je n'ai pas été **surpris** - elle avait toujours été
du genre **aventureux**. Mais lorsqu'elle m'a demandé
si j'accepterais d'être sa demoiselle d'honneur à
la cérémonie de son mariage qui se déroulait à
l'autre bout du monde, loin de chez moi... il a fallu
la convaincre ! En fin de compte, je ne pouvais pas
laisser ma meilleure amie se marier sans moi à ses
côtés, alors malgré mes craintes (et après qu'elle m'ait
beaucoup suppliée !), j'ai **accepté de participer à** ce
qui s'est avéré être l'**aventure** de ma vie.

Le jour du **mariage** est enfin arrivé. J'étais nerveux,
mais excité de faire partie d'un moment si important
dans la vie de mon amie. La cérémonie était
magnifique, et elle avait l'air heureuse en prononçant
ses vœux. **Ensuite,** nous avons fait une grande fête
- on aurait dit que tous ses proches étaient venus
célébrer avec elle ! C'était un jour **magique** que
je n'oublierai jamais, et notre amitié n'a fait que se
renforcer après cette aventure. Aujourd'hui, des années
plus tard, nous restons toujours en contact.

# Въпроси за разбиране

1. Къде се срещат авторката и нейният приятел за първи път?

2. Защо приятелят на автора е закъснял за срещата им?

3. За какво са си говорили приятелите, когато са се срещнали отново години по-късно?

4. Как се е чувствала авторката, когато е присъствала на сватбената церемония на приятелката си?

5. Опишете обстановката на сватбената церемония.

6. Как се е променило приятелството между двете жени с течение на времето?

7. Каква е мечтата на автора?

8. Къде планира да пътува приятелят на автора?

9. Защо авторката се колебае дали да присъства на сватбената церемония на приятелката си?

# Questions de compréhension

1. Où l'auteur et son ami se sont-ils rencontrés pour la première fois ?

2. Pourquoi l'ami de l'auteur était-il en retard à leur réunion ?

3. De quoi les amis ont-ils parlé lorsqu'ils se sont retrouvés des années plus tard ?

4. Qu'a ressenti l'auteur en assistant à la cérémonie de mariage de son amie ?

5. Décrivez le cadre de la cérémonie de mariage.

6. Comment l'amitié entre les deux femmes a-t-elle évolué au fil du temps ?

7. Quel est le rêve de l'auteur ?

8. Où l'ami de l'auteur prévoit-il de voyager ?

9. Pourquoi l'auteur a-t-elle hésité à assister à la cérémonie de mariage de son amie ?